【東北アジアの社会と環境】

# 寒冷アジアの文化生態史

高倉 浩樹 編

古今書院

# The History and Cultural Ecology of Boreal Asia

Edited by Hiroki TAKAKURA

Kokon-Shoin Publisher, Tokyo, 2018

# 巻 頭 言

　東北アジアが，それ以前とは異なる意味あいをもって我々の前に立ち現れたのは，1990年代はじめのことである．ソ連の解体による冷戦の終結は，1970年代末から始まっていた中国の改革・開放政策の進展と相まって，地域の地政学的な構図を大きく変えたからである．それから30年近くが過ぎた今，東北アジアは依然さまざまな課題を抱えている．

　我々は，かつては極東における東西両陣営の接触点に過ぎなかった東北アジアを，ロシア，モンゴル，中国，朝鮮半島，日本を含むより広域の概念として再定義し，この地域が共有する課題を文理諸分野の連携により研究するための新たな地域概念として，考えている．地域研究（regional studies）は，それが複数形であることからわかるように，学術研究の多様なディスシプリンの方法を動員しつつ，その知見を総合することによって，地域理解を導出する学のあり方であり，それは地域が共有する課題の多様性に対応している．

　作業概念としての東北アジアは，世界のなかからこの地域を切り離して理解しようとするものではない．グローバル化の進展は，世界を平準化するように見えながら，実際には国や地域ごとの特質を際立たせてきた面がある．普遍と特殊の相関関係は，学問の永遠の課題である．近代は，特殊性を普遍性の発現形態に過ぎないと考える傾向を強くもったが，東北アジアで今目立つのは，むしろ普遍に対する地域の異議申し立てなのである．東北アジア地域研究は，地域における普遍の発現の様態を探求する学であるとともに，地域の特質を見定める学的営為でもある．

　課題の多様性は，個々の課題において動員すべき研究分野と方法，設定されるべき研究の視野の多様性に対応する．課題と研究方法の多様性は，地域理解の深化を可能とする媒体にほかならない．

　東北大学東北アジア研究センターは，文系・理系の研究者が集まる学際的な構成をもつことによって，東北アジアの多様な課題に対応しうる態勢を整えているが，個々の共同研究は，国内外の様々な研究機関・研究者との協働を通じてはじめて実現される．本書は，そのような学際的・国際的研究連携のあり方を示している．多様な分野の研究者のネットワークを構築し，それらを結びつけつつ，国際的な拠点，研究のハブの一つとして機能することを，東北アジア研究センターは目指している．本書は，東北アジア研究センター創設20周年記念企画として刊行された．それは東北アジア研究の次のステージへの道標にほかならない．

岡　洋樹
前東北大学東北アジア研究センター長

# 目　次

巻頭言　　岡　洋樹　i
はしがき　高倉 浩樹　iii

## 第1章　北東ユーラシアにおける人類の最寒冷期への適応
……………………… 鹿又 喜隆　1

## 第2章　アイヌ・エコシステムの舞台裏
── 民族誌に描かれたアイヌ社会像の再考
……………………… 大西 秀之　25

## 第3章　永久凍土と人類文化の相互作用
── 東シベリア森林地帯における動的自然・ミクロ環境・
進化をめぐる考察
……………………… 高倉 浩樹　48

## 第4章　西シベリア森林地帯における淡水漁撈と
トナカイ牧畜の環境利用
……………………… 大石 侑香　70

## 第5章　生態環境が育む北アジア牧畜の特徴
── 西アジア牧畜との対比から
……………………… 平田 昌弘　92

あとがき　高倉 浩樹　115
索　引／執筆者紹介　118

# はしがき

　本書は東北アジアの狩猟採集民や牧畜民の歴史を，環境と文化の相互作用として読み解こうとする試みである．それは寒冷地故に農業ができなかったという意味での環境決定論ではないし，また文化の多様性は文化によってのみ説明可能とする文化相対主義的な議論でもない．この地域で人類が生存するために編み出してきた生活の歴史を，局所的なレベルの環境が人間社会に作用しそれに呼応して形成された文化として捉えようとするものである．

　この地域の人類文化史においては，牧畜と漁業が同時に行われたり，狩猟採集民なのに定住化し階層社会をつくったりという適応が出現した．それは環境と文化に関わる既存の常識では十分理解できない社会の形成であった．なぜそのような社会が現れたのか，環境と文化の関係を考えるとともに，単純な狩猟社会と複雑化する農業社会というような単純な見方でなく，人類がさまざまな形で環境に適応し，新たな文化と社会を作る過程を提示したいと思う．熱帯アフリカで進化した人類が寒冷地に生息域を広げたことは，それまでとはまったく異なる文化と社会を形成する機会だった．この点でシベリアを含む寒冷アジアは文化の可塑性という人類の本質を垣間見ることができる空間である．

　はじめに既存のイメージを振りかえってみよう．人類文化史の観点からみれば，シベリア・モンゴル・中国東北部を中心とする東北アジアは，ステップの牧畜とタイガ・ツンドラ・海岸部の狩猟採集という生業が形成された地域である．日本で育った者にとって，これらの地域は寒冷で乾燥しており，農業が行われない不毛な場所というイメージをもつかもしれない．中国にある万里の長城を思い出してほしい．6,000 kmを超える長大な人工壁は，しばしば農耕民と遊牧民の境界線ともいわれるほどである．歴史的には北海道，中国東北部やロシア極東の沿海州やバイカル湖周辺などにおいて近代以前にも農業が行われたのは考古学的には確かである．とはいえ，巨視的な観点で環境と文化の歴史をみてみると，寒冷な東北アジアの歴史的空間に長きにわたって暮らしてきたのは狩猟採集と牧畜の文化

をもつ民族集団であったことは間違いない．

　彼らが歴史文書に登場するのは，東アジアの王朝や 16 世紀以降この地域に出現するロシアのいわゆる辺境統治史の文脈である．もちろん牧畜民のなかにはモンゴルのように国家を形成した場合もあり，そうなれば自ら歴史を記すことになる．ただ文明世界の辺境として東北アジア世界をみると，狩猟採集民や牧畜民の文化があたかも変化していないように見えてしまうかもしれない．彼らは環境に応答するなかで暮らしているいわば生物的な存在であり，複合的な社会や国家を作らないと見なされことになるからである．

　人類の歴史を鳥瞰する場合，こうした理解は間違ってはいないだろう．しかし，そこでの問題は，環境決定論的な視点で人類文化史を単純化して理解することである．生物の一種であるホモ・サピエンスは，農耕が可能な植物が生育する中低緯度地帯で農耕を始め，高緯度では不可能だったという理解である．ただ，多くの民族誌事例が示しているように，中低緯度地帯には，農耕を基盤とする社会だけでなく，狩猟採集民・牧畜民も暮らしている．確かに高緯度地帯では歴史的には農耕が卓越することはなかったが，同じ生態系に狩猟採集民・牧畜民が共存している場合が多い．環境決定論的視座であれば，同じ生態系に暮らす集団は，異なる言語・文化集団であったとしても，同じような食料獲得・生産様式を作ることになる．しかし，歴史はそうならなかったことを示している．

　それゆえに現在の多くの人文社会科学は環境決定論的な視点には批判的である．むしろ人類の諸文化が環境をどう利用してきたのか，文化相対主義的視座を重視してきた．同じような環境で異なる生業文化をもつ社会集団が（平和的ないし敵対的に）共存する以上，その選択はあくまで人間側が決めるという考え方である．

　そうした視点で人類学は，それぞれの生業にもとづく社会の特質を探求し理論化してきた．たとえば，狩猟採集民社会は資源の空間分布の形態から小規模な人口で構成され，移動的な生活を送っている．野生資源に依存するため，個人が常に食料を確保できるとは限らず，それゆえに確保された資源は集団内に分配される規範をもっており，富が蓄積されず平等主義的であるという説明である．これに対し農耕はまったく反対の属性となる．食料生産する故に，一定の土地に定住し，人口が増加する．生産された資源は，富として蓄積され，これを再分配する

政治的権力が出現し，首長制や国家に連なるというものである．牧畜はこの両極の間に位置づけられる．

　筆者としてはこうした説明を全面否定したいわけではない．ただこの種の議論は，結局のところ「農耕だけが文明をつくった」というように人類の歴史を過度に単純化してしまうことになる．また人類史においてなぜ農耕が出現したのかうまく説明することができない．平等主義的で分散的移動的な倫理をもっていた集団が，なぜ真逆の社会をつくりあげてきたのか，文化相対主義では理論的に説明できないからである．

　生態人類学が先導してきた視点，つまり現在観察可能な人類の諸社会にみる生業を，自然と文化の均衡として捉え，精緻化することは重要である．しかしこれを文化相対主義的な観点で捉えてしまうと，生業の多様性は文化の多様性の一つとして理解されることになる．そのため，たとえばその均衡を支えている条件の一つが変わればどのように変化するのかという理論的考察が行われることはほとんどなかった．確かに，近年の狩猟採集民研究の修正主義論争にみられるように，彼らの歴史的変化も議論の対象になってきた．ただ，それは近現代の植民地主義による社会的な影響を加味した狩猟採集民の歴史を考えるというものである．環境の条件が変わる＝環境の歴史的変化のなかで適応がどう応答するかは分析されてこなかったのである．

　これと対称的だったのが考古学である．この分野は，遺跡に残されたさまざまな痕跡から人類集団の歴史を復元する．遺物という資料は希少であるがゆえに，考古学はその周辺にある生物・地質的な痕跡をも分析対象にいれながら，過去の社会を解釈してきた．それは結果としてその当時の人類集団がどのような環境に暮らしていたのか，そしてその環境がどのように変化したのかを解明し，環境の変化に応じた資源利用や道具の変化とそれに対応する社会変化が当然議論されてくる．それゆえに狩猟採集から農耕，牧畜への歴史の解明も重要な探求である．

　筆者が必要だと感じるのは，こうした考古学の方法論や理論・知見を参考にしながら，人類の生業適応がどのように変わるのか，実態的な把握とともに理論的な考察を行うことである．こうした視座にたてば，現存する狩猟採集民社会から理論化された移動分散的で平等主義的な社会機構はどのような環境条件で成立しているのか把握できるだろう．あるいは条件次第で変化するシナリオ的記述が可

能となる．こうした思考をはじめることで，人類史の大半をしめる狩猟採集社会がなぜ栽培化や動物の飼育化をはじめたのか，隣接分野との学際的研究が可能となるはずである．単に現存社会のモデルを過去に投影するのではない．先史時代であれ，歴史的時代であれ，さらに近現代であっても，環境と文化の相互関係を踏まえることで，文化史の解釈に必要な理論的視座を提供することができるのではないかと思うのである．確かに人類学の調査研究は現在の時空のなかで行われており，直接的な貢献は近現代史的視座を含む国家を基軸とした地域研究であり，あるいは文化過程に関わる社会科学的な理論となろう．しかし，人類史だけでなく，気候変動研究や災害研究等も含めて，自然科学などと学際的に共同して民族誌的事例と人類史的解釈を総合化することも人類学は可能なはずである．

　この点で東北アジアの狩猟採取民・牧畜民の世界に対する研究は大きな可能性にあふれている．それは比較的に古くから東アジアの国家世界と隣接しておりその変化が歴史的にも記述されているからである．また考古学研究や自然史研究との接合によって地域環境の歴史がわかっている．気候変動研究や栄養学研究においては文理融合研究が蓄積されてきた．本書で取り組むのは，そうした観点から，東北アジアの文化生態史にアプローチすることである．

　本書は5人の研究者が，立場はそれぞれ異なるが，考古学および民族誌的に観察しうる局所的な自然環境のなかで展開した個別の生業複合に着目し，これを適応ないし進化という観点から分析したものである．ミクロ環境のなかで人類集団が発揮しうる自然の利用・改変・保全の特徴の解明に取り組んだ．歴史上みられる国家との関係に着目することもあるが，その影響を気候変動などの自然環境の攪乱の局面と同じレベルで扱いながら，個々の社会組織にみられる環境適応の本質の探求を行っている．このことは，東北アジアにおける環境適応のモデル化による人類文化史を理解するための手がかりの提示なのである．

　本書の論考について簡単に紹介しておこう．

　**第1章「北東ユーラシアにおける人類の最寒冷期への適応」**（鹿又喜隆）は，東北アジアの旧石器時代人類史の総説な内容を含みながら，シベリアに起源をもつ細石刃技術が，寒冷地での人類の適応を可能にした過程が論じられている．興味深いのは，完新世の開始とともに始まる温暖化期になると日本列島などでは細

石刃文化は消滅していくが，カムチャッカやアラスカでは逆に増えている．環境と技術の関係を長期的時間軸で考えていくことの重要性が示されている．

　第2章は「アイヌ・エコシステムの舞台裏——民族誌に描かれたアイヌ社会像の再考」（大西秀之）である．民族学的観点からみると，20世紀初頭までの狩猟採集を基軸とするアイヌ社会は，隣接する環北太平洋沿岸部の定住し階層化する狩猟採集民の一つであり，その後アフリカを中心としてモデル化される狩猟採集社会とは大きく異なっている．既往研究ではむしろ歴史学的視座から隣接国家との関係という点でその理由が説明されてきた．大西は国家という政治環境と自然環境を同じレベルで扱いながらアイヌ社会の適応を理論的に説明している．大西の方法論は今後の生態人類学に一つの示唆となるだろう．

　続く論考の第3章「永久凍土と人類文化の相互作用——東シベリア森林地帯における動的自然・ミクロ環境・進化をめぐる考察」（高倉浩樹）は，5つの家畜を遊牧するステップ型牧畜民が，東シベリアに北上した際に形成した極北型牧畜の起源と展開を環境条件の寄与を考慮しながら分析したものである．トナカイ牧畜と狩猟を生業とする多くの民族集団の適応も生態と文化の相互作用で成立したものだが，本章が焦点を当てるサハ人の伝統的適応は，地質・気象・生態条件と歴史文化の偶然の組み合わせのなかで進化した点が重要である．ここからは環境史と人類学の交差の方法と理論の可能性が読み取れる．

　第4章の「西シベリア森林地帯における淡水漁撈とトナカイ牧畜の環境利用」（大石侑香）は，漁業と牧畜の複合についての民族誌的報告である．トナカイ牧畜において獲得経済の一種として狩猟と漁業が複合していることは従来から知られてきた．本論から見えてくるのはむしろ漁業を行うための牧畜という適応の仕組みである．現在トナカイ牧畜が南のステップ起源なのかツンドラでの独自開発なのかは動物遺伝学の知見も含めて議論が分かれている．独自の開発だとすれば，人類文化史で語られる乾燥地への適応としての牧畜という枠組みの妥当性を再考する必要がでてくるかもしれない．

　第5章の「生態環境が育む北アジア牧畜の特徴——西アジア牧畜との対比から」（平田昌弘）は副題にあるように西アジアと比較することで，寒冷という環境要因が北アジアの牧畜の独自性にいかに寄与しているかを論じたものである．従来モンゴルの牧畜が論じられるとき，アフリカからモンゴル高原に連続する乾燥性

が中心的な環境要因とされ，その共通する適応性が論じられてきた．しかし，寒冷性を考慮することで，乳製品・食糧確保・移動性の意味が従来とは異なって見えてくる．この点で平田の研究は乳牧畜における寒冷性という論点の必要性を新たに切り開いたといえる．

　以上，5つのいずれの論考も従来，十分知られていなかった知見であり，またその歴史的・民族誌的記述を行いつつ，方法論的示唆や理論的考察に独自性があることを記しておきたい．

　最後になるが，本書の制作の経緯について述べておきたい．これらの論考の発端となったのは，2015年12月5〜6日に仙台で行った東北大学東北アジア研究センター20周年記念シンポジウム「東北アジア——地域研究の新たなパラダイム」のセッション「東北アジアの人類誌と環境適応」である．この時の発表言語は英語であった．本書は日本語での刊行となったこともあり，セッションの発表者と相談しながら，新たな人も含めて寄稿者を定めた．ただ本書の全体としての内容の方向性は，このときの全体議論で提示されたものである．寒冷地という環境条件のなかで人類はどのように生存を可能にしたのかという問題意識，考古学と人類学の知見を組み合わせる方向性，歴史学的な変化というよりはむしろ環境との適応という形での変化を理論的に考えるという視座である．本書の制作にあたっては，各著者から原稿を提出してもらったあと，内部査読というかたちで編者と匿名の執筆者一名が論文にコメントをつけ修正するという作業を行った．最初に出された原稿と比べるとどの論文も大幅に修正された．編者としては，これまでにない刺激的な論集になったのではないかと考えている．読者諸氏のご批判を乞う次第である．

高倉浩樹

# 第1章 北東ユーラシアにおける人類の最寒冷期への適応

鹿又 喜隆
Kanomata, Yoshitaka

## 1 北東ユーラシアの自然環境と人類

　北東ユーラシアの後期旧石器時代の人類は，寒冷な環境下で生きていた．そして，長期的な視座でみれば，激しい気候変動を乗り越えて，生命を維持してきた．すなわち，彼らは寒冷かつ変化に富んだ自然環境に適応するための行動戦略を開発してきたと考えられる．

　シベリアには34,000〜26,000BPの遺跡が確認できる．そして，最終氷期最寒冷期（the Last Glacial Maximum, 23,000〜19,000BP，最寒冷期と略）においても，シベリアに人類は居住し続け，散発的に北緯70°以北にさえ居住していた（Kuzmin and Keates 2016）．また，樹木のないツンドラ環境にも十分に適応していた．

　当時の居住環境は，山岳性ツンドラステップや疎林，または周氷河性の疎林をともなうツンドラステップである．バイカル湖における後氷期から完新世にかけての花粉化石の記録にもとづけば（Müller et al. 2009），15,000〜13,500 calBP（= 12,600〜11,100 BP）のツンドラステップ環境から，13,500〜12,700 calBP（= 11,100〜10,700 BP）の低木ツンドラへ変化する．12,700〜11,400 calBP（= 10,700〜9,640 BP，Younger Dryas相当）には草本類の割合が急増し，低木類の割合が減るが，15,000 calBP頃ほどの厳しい環境ではない．そして，11,400 calBP以降，7,000 calBP（= 6,100 BP）を頂点として，低木類が増加し，草本類が減っていく．このような変遷を念頭に置いて，人類活動の変化をみて

いく必要がある．

　また，当時の動物相については，後期更新世の毛サイ，マンモス，ウマ，トナカイ，バイソン，ジャコウウシの消長が学際プロジェクトによって示された（Lorenzen et al. 2011）．これらの大型動物の生息域は，42,000 calBP（= 37,400BP）から 6,000 calBP（= 5,200BP）にかけて徐々に縮小する．とくにそれらの生息域が，高緯度地域に限定される点で共通する．さらに，完新世になると毛サイとマンモスが絶滅し，その他も生息地が大きく縮小する．つまり，人類の高緯度への展開は，この大型動物の居住地の変化に関係した可能性が高い．しかしながら，このことは，人類の過剰な狩猟活動が大型動物の生息域を狭め，生息数を減らし，最後には絶滅に追い込んだことを示すわけではない．過去5万年間における大型動物の生息数の変動は，気候変動が主な要因であって，ジャコウウシと毛サイの絶滅は気候変化のみが要因であり，ユーラシアのバイソンやウマを含めたその他の動物の絶滅には，気候と人為の両者が影響したと考えられている（Lorenzen et al. 前掲）．

　本論では，このような後期更新世の終末から完新世の初頭にかけての環境変動と，人類の活動の変化・適応行動について検討したい．とくにシベリアの後期旧石器時代に隆盛した細石刃石器群に着目する．細石刃の拡散は，日本列島にも及んでおり，発掘件数の多い日本の事例は，当時の人類の拡散と南方への適応プロセスを理解するうえで，解像度の高い歴史的動向を具体的に示してくれる．また，北緯60°以北や，北米大陸への拡散を示す近年の研究事例を踏まえれば，より北方への拡散の実態を推し量ることができる．これまでの研究の蓄積によれば，北緯40～60°のシベリアとその周辺では，大半の後期旧石器時代遺跡から細石刃が出土している．この事実は，細石刃を有した人々の寒冷環境への適応能力の高さを端的に示している．本論では，シベリアから日本列島にかけての地域を対象に，中高緯度地域における細石刃石器群の行動戦略と環境適応について言及したい．

　なお，本論の年代表記には，基本的に $^{14}C$ 年代を用いており，「BP」で記載した．引用文献で用いられた年代には，暦年較正年代（calBP）や年縞堆積物（年前）による年代などさまざまであり，とくに暦年較正年代はプログラムやバージョンによって算出値が異なるため，基礎となる $^{14}C$ 年代を提示することが重要

である．そこで，対応する $^{14}$C 年代を online-CalPal（quickcal2007 ver. 1.5）（http://www.calpal-online.de/）にもとづき算出し，BP で参考値を記載した．

## 2 細石刃とは？

　北東ユーラシアのホモサピエンス・サピエンスが開発した石器の代表例が，細石刃である．細石刃は，骨角製の槍先や銛先の側縁に彫られた溝に並べて嵌め込まれた道具である（図1）．この「組合せ式道具」と呼ばれる装備は，サピエンスの能力の一つである，「複数の材料を効果的に組み合わせて，一つの道具を作る能力」を反映している．この能力は，人類の歴史のなかでさまざまなイノベーションとハイブリッドな技術を生み出してきた．この能力の実践には，以下の4項目を必要とする．

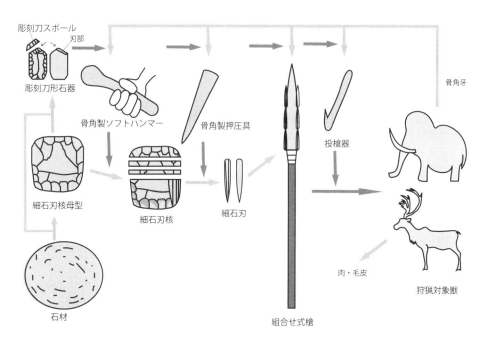

図1　組合せ道具を作るための材料と加工具

① 複数の材料を計画的に獲得する．
② それぞれを高度な技術で作り上げる．
③ それらの複数の製品を効果的に組み合せる．
④ その道具を特定の用途のために効率的に用いることができる．

　考古資料である「組合せ式道具」を想定すれば，①には，骨角器の材料となる丈夫な骨・角・牙の獲得と，細石刃を作るための良質な石材の獲得が該当する．②には，骨角加工の道具と技術，細石刃生産のためのさまざまな道具と技術（各種剥離具による石核整形と，押圧剥離による細石刃剥離）が必要である．③では，骨角製の槍先や銛先の溝に細石刃を適切に取り付け，さらにそれを槍柄や銛柄に装着する．そして，④では，狩猟や漁撈の際に必要な投槍器などの道具を装備し，それを駆使するための身体能力や技能と，捕獲対象動物の生態に関する十分な知識が必要となる．

　なお，細石器技術は，ヨーロッパから北アフリカ，西アジア，オーストラリアにかけて用いられた細石器と，北東ユーラシアから北アメリカでみられる細石刃分けられる．本論の対象は，後者であり，世界的にみられる細石器化（石器の小型化）にともなって作られた．また，細石刃の定義については，①単に「小型の石刃」という器種認定や，②ソフトハンマーによる直接打撃や間接打撃，押圧剥離による小さな石刃の剥離と，それを骨角製柄にはめ込んで使うことを含めて述べる場合（Yi et al. 2016），そして③押圧剥離による小さな石刃に限定して細石刃とする場合（Takakura 2012）など，さまざまである．本論は更新世末の時期を対象とするため，個々の細石刃の分類では，押圧剥離による小さな石刃の剥離を原則的な要件とする．

　後に述べるように，北東ユーラシアの細石刃石器群にはいくつかの地域性があるが，細石刃の分布の点でシベリア南部は中心地であり，そのなかにも複数の地域圏がある．さらに，当時の北海道は，サハリンと一体の半島を成し，極東地域のなかに含まれる．そのほか中国北部や韓半島，本州から九州までの地域は，細石刃分布の周縁部を形成する．こうして認められた地域差を比較・検討することによって，環境の違いに対する人類の適応行動や行動戦略を理解できる．

## 3 最寒冷期以前のシベリアにおける細石刃石器群の出現と生業活動

　細石刃の起源は，最寒冷期以前のシベリアであったとの見解が最も支持されている．それは，第一に細石刃が隆盛した他の地域に比べて，細石刃技術を生み出すための石器製作技術的な土台がそこには既に存在していたからである（Yi et al. 2016）．その代表的な遺跡が，アルタイ山麓のウスチ・カラコル 1 遺跡の 11 〜 9 層であり，10 層の年代が 35,100 ± 2,850BP，9c 層の年代が 29,720 ± 360 〜 33,400 ± 1,285BP（N= 4）である（Derevianko et al. 2003）．10 層には確実な細石刃核がないものの，11 層や 9 層に楔形や円錐形の細石刃核が含まれる．細石刃核の形態として確実なものは 9 層のものだろう．また，アルタイ地域ではアヌイ 2 遺跡 12 層で 27,930 ± 1,590BP と 26,810 ± 290BP の年代を得ており，最も古い細石刃がアルタイ地域に存在したことが確実視されている（Kuzmin 2007）．そして，レナ川中・下流域のウスチ・ミリ 2 遺跡でも，35,400 ± 600，33,000 ± 500，30,000 ± 500BP（最下層）の年代が得られている．したがって広くいえば，シベリアの平原や低地の周縁部において細石刃技術が出現したことになる．

　なお，シベリアの最古の細石刃の年代に関しては最寒冷期以前に遡らないとする意見（Goebl 2002）や最寒冷期のシベリアにおける人類の居住を疑問視する考え（Graf 2015）もあるが，近年あらたな年代測定値が追加され，論拠が補強されている（Kuzmin and Keates 2016）．なお，最寒冷期における人類遺跡の多くは北緯 58°以南にあり，地理的には山地と平地の境界付近に分布する．また，近年の報告ではトランスバイカル地方における石核の技術形態学的分析から，最寒冷期の直前に細石刃核がみとめられ，散発的な押圧剥離や有溝骨角器と共存することが指摘されており，当地域での細石刃技術の出現の兆しが窺える（Terry et al. 2016）．そして，約 2,000 年後の最寒冷期には，楔形細石刃核と確実な押圧剥離技術が共存し，完成された細石刃技術が存在している．

　さて，シベリアは広大な空間を占め，その範囲の旧石器時代遺跡の全容を把握するには，膨大な基礎研究が必要となる．さらに，日本のように発掘調査の詳細が確実に報告される状況でもないため，正確なデータを集成するにも多くの困難に直面せざるを得ない．そのような状況のなか，シベリアの旧石器時代遺跡を対

表1　地域ごとの各器種の出現率（％）

| 地域・出現率（％） | 遺跡数 | 細石刃 | 彫刻刀 | のみ | 尖頭器 | ドリル |
|---|---|---|---|---|---|---|
| シベリア全体 | 82 | 95.1 | 61.0 | 25.6 | 23.2 | 25.6 |
| ①西シベリア・②エニセイ | 34 | 94.1 | 35.3 | 41.2 | 8.8 | 38.2 |
| ③アンガラ・④バイカル北岸 | 20 | 90.0 | 80.0 | 10.0 | 30.0 | 10.0 |
| ⑤ザバイカル・⑥レナ・⑦極東・⑧極北 | 28 | 100.0 | 78.6 | 17.9 | 35.7 | 21.4 |

木村（1997）より作成．

象に網羅的にデータを集成したのは，木村英明（1997）である．本論では，木村の論考にもとづいて大まかな状況を把握したい．以下では，後期旧石器時代後半の細石刃石器群が主たる記載対象となるが，木村の論考では82遺跡・文化層がリストアップされている．その内容を概観すると，シベリアを，①西シベリア，②エニセイ川流域，③アンガラ川流域，④バイカル湖北岸・レナ川上流域，⑤ザバイカル，⑥レナ川中・下流域，⑦極東，⑧極北の8つの地域に分けている．そして，石器や動物遺存体の組成が提示され，細石刃石器群の石器組成に顕著な地域性を見出している．改めて数量化して述べれば，以下の特徴を指摘できる（表1）．

(1) 地域性は，①と②，③と④，⑤〜⑧の3つに大別できる．
(2) 彫刻刀形石器と尖頭器の出現率は，①と②の地域で低い．
(3) のみ（楔形石器）の出現率は，逆に①と②の地域が高い．
(4) 両面加工石器の出現率は，⑤〜⑧の地域が高い．
(5) 骨角器の出現率は，西側の地域ほど高い．
(6) 彫刻刀形石器のタイプは，③と④の地域が「ヴェルホレンスカヤ山型」，⑤〜⑧の地域が「荒屋型」である．

　また，シベリアの旧石器時代遺跡では，有名なマリタ遺跡のように，マンモスやトナカイの骨が集中して出土する事例が強調的に報告されてきたが，木村による集計にもとづけば，大型哺乳類では，ウマ，ヤギュウ，トナカイ，マンモス，アカシカ・ヘラジカが50％以上の遺跡からそれぞれ出土している（表2）．そのほかオオカミやウサギの出現率も40％を超える．鳥類は24％，魚類は20％の遺跡で見つかっており，基本的には多様な動物質資源を利用している．

| 両面加工 | 銛頭 | 植刃器 | 骨製尖頭器 | 石刃 | 石核 | エンド・スクレイパー | 骨針 | スクレブロ | 礫器 |
|---|---|---|---|---|---|---|---|---|---|
| 20.7 | 7.3 | 22.0 | 17.1 | 68.3 | 58.5 | 74.4 | 15.9 | 70.7 | 34.1 |
| 2.9 | 0.0 | 35.3 | 20.6 | 67.6 | 67.6 | 82.4 | 26.5 | 70.6 | 26.5 |
| 20.0 | 20.0 | 20.0 | 25.0 | 65.0 | 60.0 | 75.0 | 10.0 | 70.0 | 40.0 |
| 42.9 | 7.1 | 7.1 | 7.1 | 71.4 | 46.4 | 64.3 | 7.1 | 71.4 | 39.3 |

一方で，黒海北岸では，コスチョンキ遺跡群やメジン，メジリチ遺跡など，総重量が数トンに及ぶマンモスの骨牙を材料にした住居があり，その集中的利用が目立つ（木村2013）（図3）．この骨牙や毛皮を部材とした住居の構築も，樹木の

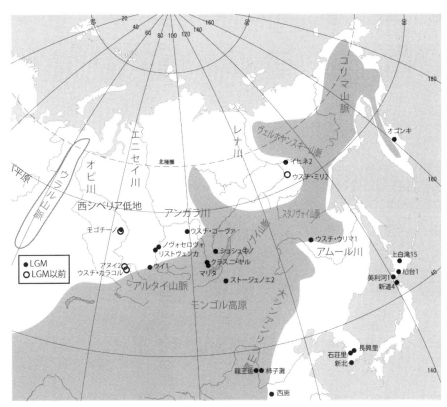

図2　最寒冷期とその前の主要な細石刃遺跡の分布

表 2 遺跡ごとの動物種の有無

| 遺跡 | マンモス | トナカイ | アカシカ | 野牛 | ウシ | ウマ | オオカミ |
|---|---|---|---|---|---|---|---|
| モゴチーノ I | ◎ | ○ | | | | | |
| チェルノアジョーリエ II | ○ | | | | ○ | ○ | |
| シカエフカ II | ◎ | ○ | | | | | ○ |
| ヴォルチャ・グリヴァ | ◎ | | | ○ | | ○ | ○ |
| ノヴォ・タタールスカヤ | ◎ | | | | | | |
| トムスカヤ | ◎ | | | | | | |
| ヴェンゲローヴォ V | | | | ○ | | | |
| タリツコーヴォ | ○ | ○ | | | | ○ | ○ |
| アチンスカヤ | ○ | | | | | ○ | |
| アフォントンヴァ山 I | ○ | ○ | | | ○ | ○ | |
| アフォントンヴァ山 II | ◎ | ◎ | ○ | | ○ | ○ | ○ |
| アフォントンヴァ山 III | ○ | ○ | ○ | | ○ | ○ | ○ |
| リストヴェンカ（下層） | ○ | ○ | ○ | ◎ | | ○ | ○ |
| タシュトィク I | ? | ◎ | ○ | ○ | | ○ | ? |
| タシュトィク II（下層） | ? | ◎ | ? | | | | ? |
| ココレヴォ I-2・3 文化層 | | ◎ | | ○ | ○ | | ○ |
| ココレヴォ II | ◎ | ◎ | ○ | ○ | | ◎ | ○ |
| ココレヴォ III | | ◎ | ○ | | | ○ | |
| ココレヴォ IVa | | | ◎ | ○ | | | ? |
| ノヴォセロヴォ VI | | ◎ | ○ | ○ | | | ○ |
| ノヴォセロヴォ VII | | ◎ | ○ | ○ | | ○ | |
| ビリューサ | | ◎ | ○ | | ◎ | ○ | ○ |
| カンチェギル | | | ○ | ○ | | | |
| ウイ I | | | ○ | | | | |
| マイヌンスカヤ | | ○ | ○ | ◎ | | ○ | |
| クラスヌィ・ヤル | | ◎ | ○ | ○ | | ◎ | |
| ソスノーヴィ・ボル 5 文化層 | | | ○ | ○ | | ○ | |
| ヴェルホレンスカヤ山 | | ◎ | ○ | ○ | | ○ | |
| イルクーツク | ○ | ○ | ○ | | | ○ | |
| マカロヴォ II | | | ○ | ○ | ○ | | ○ |
| ボリショイ・ヤーコリ | | ○ | ○ | ○ | | ○ | ○ |
| サンヌィ・ムィス | ○ | | | | | ○ | |
| オシュルコヴォ | | ○ | ○ | ○ | | | |
| ソハチーノ | ○ | | ○ | | ○ | | |
| ジュクタイ洞穴 | ◎ | ○ | | ○ | | ○ | |
| イヒネ I | ○ | ○ | | ○ | | ○ | |
| イヒネ II | ○ | ○ | | ○ | | ○ | |
| ウスチ・ミリ | ○ | | | | | | |
| ベレリョフ | ◎ | ○ | | ○ | | ○ | ○ |
| エジャンツィ | ○ | ○ | | | | ○ | |
| ヴェルフネ・トロイツカヤ | ○ | ○ | | | | ○ | |
| マリタ | ◎ | ◎ | ○ | ○ | ○ | ○ | ○ |

木村（1997）より作成.

# 第1章　北東ユーラシアにおける人類の最寒冷期への適応

| ヒツジ | サイガ | ヤギ | ウサギ | 鳥類 | 魚類 | 主体種と特徴的な種 |
|---|---|---|---|---|---|---|
|  |  |  | ○ | ○ | ○ | マンモス 50% |
|  | ○ |  | ○ |  |  | 9割がマンモス |
|  |  |  |  |  | ○ |  |
|  |  |  | ○ |  |  |  |
| ○ |  |  |  | ○ |  |  |
| ○ | ○ | ○ | ○ | ○ |  | トナカイ 43%, 北極ギツネ 30%, マンモス 5% |
|  |  |  | ○ |  |  |  |
| ○ |  | ○ | ○ |  |  |  |
| ○ |  |  |  |  |  | げっ歯類・大型猛禽類 |
| ○ | ○ |  |  |  |  |  |
|  | ○ |  | ○ |  |  |  |
| ○ |  |  | ◎ | ○ |  | トナカイ 89%（2層）, 47%（3層） |
| ○ | ○ |  | ○ | ○ | ○ | トナカイ 28%, マンモス 25% |
| ○ |  |  | ◎ | ○ |  | トナカイ 36% |
|  |  |  |  |  | ○ | イヌ |
|  |  |  | ○ |  |  | トナカイ 98%（9,820点） |
|  | ○ |  |  |  |  | トナカイ 95%, ウサギ 2% |
| ○ |  |  | ◎ | ○ |  |  |
| ○ |  |  |  |  |  |  |
|  |  | ○ | ○ |  |  |  |
| ○ |  | ○ | ○ | ○ |  |  |
|  |  |  | ○ | ○ | ○ |  |
|  |  |  |  | ○ | ○ |  |
|  |  |  |  |  | ○ |  |
|  |  |  | ○ | ○ | ○ |  |
|  |  | ○ |  |  |  |  |
| ○ |  |  |  |  |  |  |
|  |  |  | ○ | ○ | ○ |  |
|  |  |  |  |  | ○ |  |
| ○ |  |  | ○ |  |  | マンモス 98% |
| ○ |  | ○ |  |  |  | トナカイ 84.5% |

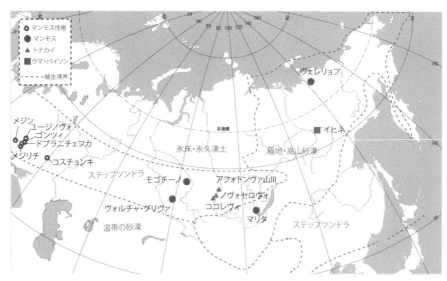

図3 特定の動物が集中的に出土した遺跡の位置
植生境界は Ray and Adamus 2001 より作成.

少ないステップ環境における適応行動の一例である.この地域は,広大な水場があり,マンモスの拠点的な棲み処であったのだろう.マンモスが出土動物骨の主体となるのは,西シベリア低地のモゴチーノやヴォルチャ・グリヴァ,バイカル湖岸のマリタであり,さらに極北のベレリョフ遺跡でも同様にマンモスが動物遺存体のほとんどを占める.つまり,中高緯度の広大な平原や低地では,マンモス狩猟に依存する生業を行っていた.マンモスは夏季に豊富に繁茂する草を求めて,北方の広大なツンドラステップに進出するが,人類もそれを追って北方へ向かったと思われる.

また,トナカイが80%以上を占めるのが,ココレヴォⅠの2・3文化層,ノヴォセロヴォⅥ・Ⅶ遺跡であり,エニセイ川上流域に認められる.この地域は平地であるが,山地に近い.さらに東側の地域では,動物遺存体の検出数が少なく,内容を把握することはできない.細石刃石器群が隆盛したのは,エニセイ川流域からバイカル湖岸以東である.この地域はツンドラステップ植生であり,山地と広大な平地が混在するため,その狩猟対象の第一の候補がトナカイであったと推測できる.

以上のように，後期旧石器時代にマンモスやトナカイが集中的に狩猟された範囲は，およそツンドラステップ地帯に対応することが，簡略化された植生地図（Ray and Adams 2001）に重ねると理解できる（図3）．また，動物遺存体が腐食して出土しないが，極東の地域にもツンドラステップ地帯が続き，北海道に達している．この範囲は，最寒冷期に細石刃石器群が広がった範囲に重なる．したがって，細石刃石器群の出現と最初の拡散の要因には，ツンドラステップ環境への適応能力の発達があげられよう．

　さて，これらの大型哺乳動物には，その生態に共通の特徴がある．それは，季節的・定期的に長距離移動を行うことである．現生哺乳動物を参考にすれば（Berger 2004），各地の事例を平均すると，トナカイは草木のない土地では2,729km，森林では94.7kmの移動距離をもつ．オオカミは557km，アカシカ・ヘラジカは93.3km，ヤギュウは54.7kmである．現生の野生種が居ないウマとマンモスについては，それぞれシマウマとアフリカゾウが参考になり，それぞれ175km，210kmの移動距離をもつ．このような長距離移動は，ツンドラ・砂漠・草原の3つの生態系で発達しており，背景には食料の季節的な偏りがある．また，これらの長距離移動には，一定の領域を動きまわる「回遊」と，直接的かつ往復的な移動の「渡り」がある．ツンドラ地域では，夏冬の寒暖に対応した南北方向の季節的移動があり，旧石器時代においても同様の長距離移動があったと推定される．細石刃石器群では，装備が軽量化され，長距離移動に適していた．

　シベリアの旧石器時代の人類集団が捕獲した哺乳動物の構成は，このような長距離移動を行う草食動物が主体である．また，いくつかの遺跡で特定種の骨が集中的に出土するのは，群棲の大型草食動物を一度に大量に捕獲したことに理由があると思われる．また，このような長距離移動は，夏と冬あるいは雨季と乾季の始まりに開始され，ある場所から別の場所へと一気に移動する．しかも，たとえばアカシカやヘラジカは，最適な状態の植生帯を追いかけて移動するのではなく，それに先回りして目的の場所に跳躍的に移動する事例が報告されている（Hebblewhite, Merrill and McDermid 2008, Bischof 2012, Fryxell and Avgar 2012）．こうした動物の生態と移動パターンは，それを狩猟した人類の行動戦略に大きく影響したと考えられる．

　さらに，シベリアの北部では河川や山脈が南北に走り，南部では山脈を南縁と

して河川が東西に流れる．その地形的特徴が，夏冬に人類の南北移動を進めるとともに，寒冷な時代には東西への拡散を促進した．とくに極地・内陸の激しい寒暖差は，こうした拡散の振幅を大きくしたに違いない．このような環境要因によって細石刃石器群の広域な拡散が成し遂げられたと考えられる．

## 4　ユーラシア北東沿岸部における最寒冷期の適応行動

　人類が高緯度地域で生活を始めたのは，決して最近のことではない．後期旧石器時代の人類は，マンモスを狩猟しながら，MIS3（Marine Isotope Stage 3）のやや温暖な時期に北緯70°付近に達し，遺跡を残している．ヤナ（Yana）遺跡は，29,000〜27,000BPの年代にあたり，石製狩猟具の先端部や，象牙のシャフトがマンモスの肩甲骨に刺さって出土しており，当時のマンモス狩猟の実態を物語っている（Nikolskiy and Pitulko 2013）．しかしながら，旧石器時代の寒冷な環境は，基本的に人類を高緯度の寒冷地から遠ざけ続けた．とくに最寒冷期の段階では寒冷化が強まり，人類の高緯度への進出は困難であったことが予想される．しかし，その最寒冷期のなか，活発な活動を開始したのが細石刃を有した集団である．

　彼らの行動戦略は，厳しい環境下で生きる遊動民（フォレイジャー）がもった高い移動性と密接に関係している．そして，上述のように，中高緯度の厳しい寒冷環境下にあった後期旧石器時代初頭のシベリアが，細石刃の起源地として相応しいと考えられている．このような細石刃の出現についての見解は，近年，シベリアやモンゴル，中国北部，日本における旧石器時代編年が詳細に検討され，さらに広く発信されるようになったことで，共通認識が得られるようになってきた．

　その細石刃を有した人々が広域に拡散したのは，まさに最寒冷期の段階である．シベリアでは，多くの遺跡で最寒冷期相当の年代値が得られている（Kuzmin and Keates 前掲）．それ以外にも，中国，韓国，北海道の各地域でも最古段階の細石刃が確認されている（図2）．つまり，最寒冷期の段階に細石刃石器群は，黄河流域や韓半島などの北緯35°付近まで南下するとともに，沿岸部のサハリン－北海道半島の南縁まで，急速に広がったと考えられる．

　このような，中国北部や韓半島，北海道への細石刃石器群の移動は，最寒冷期の寒冷化にともなうツンドラステップ（通称マンモスステップ）の南下と，そこ

で生息する動物群の南下に起因すると考えられている．大陸側では北緯33°まで達するが，日本列島では，津軽海峡（北緯41.5°）を越えることなく，北海道内で留まっている．この最寒冷期における細石刃石器群の広域拡散は，環境変動にともなう人類の長距離移動の証拠である．

　また，先述のように，細石刃集団の生業活動を考える際，遺跡から出土した動物遺存体の構成が大いに参考になる．シベリアでは，哺乳動物や魚類などの骨が確認され，その組成は遺跡ごとに異なるが，いずれにしても動物質資源を中心的に活用する生業であった．一方，シベリアより東のユーラシア北東沿岸部の遺跡では，動物遺存体が豊富に見られることはきわめて稀である．

　そのため，筆者は，動物遺存体に乏しい地域では，石器の使用痕分析によって，それを補うように努めている．具体的には，石器の使用対象物を同定することによって，動物質資源の活用の度合いを確認している（図4）．たとえば，柏台1遺跡では，彫刻刀形石器が主に骨角を削る作業に用いられており，少なくとも16点分の刃部が使用され，うち14回が刃部再生されている．それぞれの刃部の使用度も高く，遺跡内で骨角器の製作が行われていたことを示している（鹿又 2013a）．また，細石刃は押圧剥離で生産されていることから，北海道における細

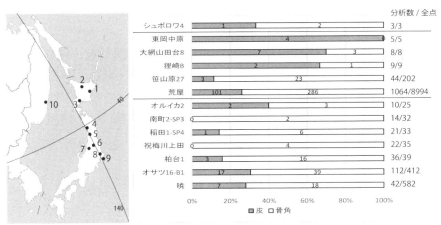

図4　細石刃石器群の各遺跡における
彫刻刀形石器とスポールの使用痕対象物の割合
1：暁，南町2，稲田1　　2：タチカルシュナイVC
3：柏台1，オルイカ2，祝梅川上田，オサツ16　4：狸崎B　5：角二山　6：笹山原27
7：荒屋　　8：東岡中原　　9：大網山田台8,10　　10：シュボロワ4，ウスチノフカ1

石刃の出現時には，すでにこれらの複合的技術が存在していたことが明らかとなった．つまり，細石刃の複合的技術は，北海道内で徐々に発展したのではなく，最寒冷期に北方の地域から完成した状態で北海道にもたらされたのである．

一方で，最寒冷期の北東ユーラシアには，細石刃をともなわない石器群が存在する．筆者は，モンゴル北部や沿海州，本州の石器群を分析し，各地域の石器の機能を明らかにしてきた．たとえば，モンゴル北部のカガリンゴル5遺跡では，二次加工を施した小石刃が着柄され，組合せ式道具が狩猟具として機能したと推定される（Gunchinsuren et al. 2013）．彫刻刀形石器やスクレイパーなどの加工具では，骨角，木，皮を対象とする軽度の作業痕跡を確認した．また，沿海州のウスチノフカ1遺跡では，二次加工された石刃が狩猟具として用いられている（鹿又 2012）．そして，二次加工部分を刃部として，軽度な骨角加工に用いられた石器もある．これらの遺跡では，石器使用の内容が細石刃石器群とは異なる．とくに，骨角器の製作（重度の骨角加工の痕跡）がみられないことが大きな相違点である．同様に，本州の後期旧石器時代の他の石器群でも，重度の骨角加工の使用痕が検出されることはほとんどない．

北東ユーラシアにおいて，石器の機能研究が実施された事例は，発掘された遺跡全体の1割にも満たないが，細石刃石器群とその他の石器群の石器の使用内容の顕著な差を考慮すれば，細石刃石器群の生業活動は動物質資源の利用に集中したものであり，他の石器群とは明らかに異なっていたと予想される．また，最寒冷期の寒冷化によるツンドラステップの南下にともなって，細石刃石器群が東進・南下し，その一波が北海道に達したと考えられる．一方で細石刃石器群の波及がみられない地域では，別種の石器群によって異なる行動戦略が維持されていた．

## 5　晩氷期直前の人類の長距離移動の証拠

最寒冷期以降，細石刃石器群は，継続してみられるが，最も広域の移動戦略が採用されるのは，約15,000～13,000BPである．湧別技法（札滑型）と呼ばれる細石刃技術の展開と関係し，アルタイ地域から，モンゴル北部，バイカル湖周辺，沿海州，中国北部，韓半島，北海道，そして本州北部にまで達する．その代表的な遺跡として，シベリアのココレヴォ1・4，クールラ，沿海州のシュボロワ4，

モンゴル北部のトルボル 15，北海道の暁，新潟県の荒屋などの遺跡があげられる．バイカル湖西部では，虎頭梁技法による細石刃生産技術がみられ，後に南下し，最終的には 13,000BP 頃に西北九州に達し，12,000BP 頃までみられる．

　この時期のシベリアの遺跡出土動物相をみると，トナカイを主対象とした狩猟が行われている．沿海州からサハリン・日本列島にかけては，動物質資料が残存していないので，使用痕分析の結果を参考にすると，それらの地域では，似通った石器使用パターンが明らかになってきた．筆者自身が分析した，沿海州や北海道，本州北部の遺跡では，基本的には彫刻刀形石器による骨角器の製作と，彫刻刀形石器とエンド・スクレイパーを用いた皮革加工が行われている（鹿又 2003, 2004b, 2008, 2009, 2011, 2012, 2013b, 2013c, 2015）（図 4）．また，細石刃は骨角製槍に着柄され，狩猟具として使用されている（鹿又 2004a）．各遺跡における石器使用の数量は異なり，石材の消費規模が大きいほど，石器の出土数量が大きくなる傾向にある．つまり，石材原産地付近の遺跡を除けば，遺跡の規模は石器の使用・消費量に比例する．おそらく狩猟によって動物質資源を多く確保できた遺跡ほど，その規模（石器の出土数量）が大きくなるとともに，同一の場所を長期に，あるいは繰り返し占拠したと考えられる．おそらく群棲動物の季節性に応じた生業戦略が計画的に遂行されていたのであろう．

　さて，当時の長距離移動を反映するデータとして，黒曜石原産地分析の結果があげられる．北海道の白滝産の黒曜石は，その際たるものであり，北海道内を 100km 前後も主体的に持ち運ばれただけでなく，350km はなれた道南の石川 1 遺跡まで運ばれている（長沼ほか 1985）．また，約 360km 離れたサハリンのソコル遺跡でも主体的な石材として利用されている（Golubev and Lavrov 1988）．さらに，白滝産の黒曜石が津軽海峡を越えて本州に持ち込まれたことが明らかになっており，山形県の湯ノ花，角二山遺跡で確認されている（建石ほか 2012，鹿又・佐々木 2015）．その距離は約 700 ～ 800km に及ぶ．この石材運用法は，黒曜石に限ったことではなく，北海道南部や本州北部では，頁岩がその役割を担っていた．

　北東ユーラシア沿岸部において，細石刃が主体的に存続した 23,000 ～ 11,000BP のなかでも，約 15,000 ～ 13,000BP の時期に長距離移動が顕著であった．この頃になると日本列島でも北緯 31°まで細石刃が広がっており，細石刃の拡散がもう一段階進んだといえる．

## 6　細石刃をもった人々の適応行動の証拠

　後期旧石器時代の間，人類はさまざまな環境資源を活用していた．石器の材料となる石材や，動物質資源，木材などである．筆者らが行う石器使用痕分析の結果では，石器の使用対象物が推定され，人類の利用資源の内容が明らかになった．後期旧石器時代は，縄文時代や新石器時代と違って，草本類の利用は基本的に低調であった．

　さらに，細石刃石器群では木材利用がほとんど認められないことから，樹木の少ないステップツンドラに適した生業であり，とくに動物質資源の活用に長けていたと考えられる．日本列島における多様な石器群における使用痕分析の結果から，細石刃石器群以外では，剥片石器を用いた骨角器製作の明確な痕跡が認められないことが明らかになってきた．この骨角製狩猟具の存在は，石器石材の消耗を大幅に削減してくれる．たとえば，後期旧石器時代後半の小型の両面加工尖頭器は1点が5gほど，神子柴石器群のような大型の両面加工尖頭器では1点が40〜150gにもなる．一方，細石刃1点は0.1〜0.2gほどであるため，1つの骨角製槍先に10点の細石刃を嵌め込んだとしても，石材消費は尖頭器の2.5分の1から150分の1になる．しかも，細石刃が破損した場合には，その部分のみを交換できるため，石材消費はさらに抑制される．このような石材の消費戦略は，地表が氷雪で覆われた中高緯度の，とくに冬季に，きわめて有効に機能したと予想される．そうした環境では，地表が露出していないため，新たな石材入手が困難である．

　また，狩猟対象となる動物から，食料のみならず，家屋や衣類の材料となる毛皮，狩猟具となる骨角器，燃料となる油脂，石器を加工するための骨角製剥離具（ソフトハンマーや押圧剥離具）など，ほとんどの生活物資を入手できるため，動物狩猟に特化した生業が中高緯度地域で発達した（図1）．細石刃石器群では，これらの技術を複合する戦略を採用している．

　さて，細石刃石器群では，動物質資源の加工には，彫刻刀形石器やエンド・スクレイパーが利用されている．前者では骨角器，後者では革製品が加工されるが，いずれにおいても損耗した刃を更新する，刃部再生技術が発達している．この刃部再生では，細石刃とほぼ同じサイズのスポールやチップが押圧剥離によって剥

がされ，新たな刃が作られる．この刃部再生においても石材の消費が極力抑えられており，加工具でも石材消費を抑える戦略が採られていた．

　筆者自身，最寒冷期期から晩氷期にかけてのロシア沿海州や，北海道，本州東北部の多数の細石刃石器群において，石器の分析を実施してきた（図4）．出現期（柏台1）から終末期（オサツ16，稲田1）までの広い時空間において，彫刻刀形石器の機能は，骨角を削る作業と，皮をなめす作業の2つに集約されている（鹿又 2013a, 2013b, 2015 など）．その使用方法もほぼ一貫しており，彫刻刀面と腹面が成す縁辺を刃部とし，直交方向に動かす操作法である．ただし，各遺跡では，彫刻形石器による骨角加工と皮革加工の割合が変化し，各遺跡の機能や居住期間に関係していると推察される．また，エンド・スクレイパーはほぼ例外なく，皮なめしに使用されており，とくに乾燥皮をなめす作業の割合が高い．そして，これらの石器の使用度は，他の石器群よりも明らかに高い．つまり，個々の石器が徹底的に使用されているとともに，押圧剝離による刃部再生によって石材消費が究極まで抑制されている．この石器製作・使用における高度な技術は，最寒冷期より前のシベリアの寒冷な環境下で培われ，完成された細石刃技術複合として最寒冷期以降に広く拡散したものと推定される．そして，その技術の最盛期が 15,000 〜 13,000BP であった．

## 7　晩氷期的適応

　日本列島において細石刃石器群は，晩氷期の始まりとともに衰退する．この背景には急激な温暖化現象があり，寒冷地適応に最適な戦略であった細石刃技術が，温暖化した環境に適応できずに衰退したと考えるのが妥当である．この温暖化と豊富な森林形成にともなって，木材や堅果類，水産資源の利用が積極的に行われるようになった．本州では，13,000BP には細石刃がみられなくなり，北海道や九州においても 12,000 〜 11,000BP には細石刃が消えてしまう．つまり，この温暖化した時代の北東ユーラシア沿岸部では，細石刃石器群が消えるという現象が広く共通する．

　一方で，北東ユーラシアの北緯50°以北には細石刃が存続している（Slobodin 2001）．カムチャッカのウシュキ遺跡では，細石刃は両面加工の尖頭器やスクレ

イパーをともなう（Dikov 2005）．このグループは，温暖化の波に乗って，北緯60°以北を制覇し，北米大陸へ達している．アラスカでは，タナナ川のスワンポイント遺跡が代表的あり，湧別技法の細石刃核と，荒屋型に似た斜刃型の彫刻刀形石器が出土している．その年代は，約 12,000BP の晩氷期である（Bever 2006）．その他のプレクロービス（Pre-clovis）の遺跡は見当たらず，晩氷期にアラスカへ細石刃石器群が移入した事実は，細石刃技術の寒冷地適応の所産であるとともに，その適応可能域が晩氷期の温暖化にともなって北上した結果であるといえる．

アラスカに有溝尖頭器が主体的に確認されるのは，10,400BP 以降，つまりヤンガードライアス以降である（Goebel et al. 2016）．これらの石器群は，技術形態学的な観点から北アメリカ内に起源があると考えられるが，それらの黒曜石産地分析からも，旧大陸から来たものではなく，約 450km 東の産地（Batza Tena）からもたらされたことが推定されている．アラスカでは，晩氷期の環境変化と石器群の変遷が直結している印象である．

なお，晩氷期における北米大陸への最初の移民については，従来，考古学や言語学的なアプローチによって説明されてきたが，近年それに遺伝学的データが加わった．ネイティブアメリカンのミトコンドリア DNA の分析では，約 15,000〜17,000 年前（= 12,600〜13,800BP）に，D4h3 と X2a という希少なハプログループが見出され，前者は太平洋岸を，後者は無氷回廊（ローレンタイド氷床とコルジレラ氷床の間）を通ってやって来たと推測される（Perego et al. 2009）．

それに対して，考古学の視座からは，有名な「電撃戦モデル」（Martin 1969, 1973）のように，短期間で南米大陸の南端に人類が達し，さらには大型動物の絶滅にも大きく影響したという考えが主流だった．そして，そのルートは，無氷回廊であるとの見解であった．しかし，近年の説では，太平洋岸ルートの存在が強調されるようになった（Dixon 2001, Erlandson and Braje 2011）．とくに，カムチャッカ半島のウシュキ遺跡の事例や北米西海岸の事例などから，太平洋岸ルートと細身の両面加工尖頭器や有舌尖頭器の結びつきが指摘されている．その系統にあると思われる "Western stemmed tradition" と呼ばれるこの種の石器は，北アメリカの西海岸側に主に分布し，約 11,000〜10,200BP に属している．さらに，類似の石器は南米大陸にも進出し，チリのモンテベルデ（Monte Verde）遺跡で

は，約 12,500BP の晩氷期初めに人類の居住痕跡が確認され，晩氷期的適応と移住の速さを物語っている．そして，南アメリカでは，魚尾形の尖頭器が 11,000 〜 10,000BP に多く確認されている．

有舌尖頭器は，北東ユーラシアに展開した石器であり，晩氷期の約 12,500 〜 11,500BP に隆盛した（図 5）．日本列島には有舌尖頭器を出土する遺跡がとくに多く確認されている．日本旧石器学会（2010）の集計では，日本に合計 1,630 カ所あり，過密地帯といえる．そのため，北米大陸への移住者の起源が日本列

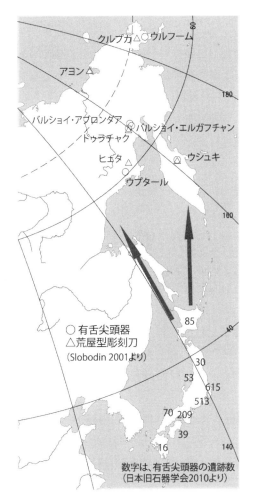

図 5 ユーラシア東北沿岸における有舌尖頭器の日本列島各地方の出土遺跡数

島であった可能性が示されている（Bonnichsen, Lepper, Stanford and Waters eds. 2005）．とくに非クロービス（Non-Clovis）の細身の両面加工尖頭器は，12,500〜10,500BPの北米西海岸付近に認められ，さらに，南米でもベネズエラ，コロンビア，ペルー，チリなど西海岸にみられるため，環太平洋岸ルートの移動が推察されている．したがって，その分布から，有舌尖頭器をもった人々は，細石刃石器群のような寒冷地適応の高揚によって高緯度を制したのではなく，沿岸環境への適応によって高緯度に達し，北米大陸へ移り住んだと筆者は考えている．そして，北米のクロービスや南米の魚尾形の尖頭器は，細身の両面加工尖頭器や有舌尖頭器よりも後出であり，各地で変容・発生したと考えられる．

　一般的な考古学的な理解では，本州北部では細石刃と共に彫刻刀形石器が消滅し，有舌尖頭器や有溝砥石など新たな石器が登場する．一方，北海道では細石刃や彫刻刀形石器が約12,000BPまで残存し，有舌尖頭器と同時存在していたと考えられている．この点は，北海道の石器群の特徴であり，それ以北の晩氷期の石器群と比較するうえで，重要な指標となる．エンド・スクレイパーは細石刃石器群においても同様であったが，高緯度地域ほどその数量が多い傾向にある．

## 8　細石刃石器群が後世に残したもの

　北東ユーラシアに進出したホモサピエンス・サピエンスは，石刃や細石刃といった特徴的な道具を生み出した．本論では，細石刃技術の寒冷地適応の実態について論述した．後期旧石器時代から完新世初頭にかけて，とくに最寒冷期から晩氷期にかけての環境変動と，それに対する細石刃石器群の適応行動は，人々の移動・拡散を進め，その後の新大陸への進出にも大きく影響した．とくに，細石刃技術のなかで培われた複合的技術は，サピエンスのもつ能力を端的に示すものであり，その後の歴史にも多大な影響を与えている．たとえば，細石刃を剥離する押圧技術は，その後の有舌尖頭器やクロービスポイントなどの製作に用いられている．つまり，細石刃技術のなかで成熟した技術が基盤となって，旧大陸の新石器時代や新大陸の初期先史時代を生み出したといえる．また，複合的技術とは，異なる2つの技術を効果的に組み合せることであり，さまざまな発明と技術革新を生み出す原動力であったと筆者は推測している．

そして，細石刃石器群では，良好な資源を厳密に選択して利用する戦略が採られている．具体的には，特定の産地の石器石材であり，特定の動物種の骨角牙などの材料である．代表的なものは，北海道の白滝産の黒曜石であるが，数百 km の距離を持ち運んでいる．そこには，黒曜石の交換のような社会システムやネットワークが存在したはずであり，それを可能にした集団関係の構築があったに違いない．それによって，自然環境に適応するだけでなく，社会環境にも適応できたのだろう．そのような集団関係や社会システムの構築は，晩氷期に促進された定住生活を成立させる基盤となったと考えられる．

　さらに，日本列島の縄文時代における遺伝学的な地域性のなかで，特定のハプログループの分布が，北方系の細石刃石器群の分布範囲に一致することが明らかになった（安達・藤山 2010）．細石刃の拡散とその直後の定住によって，そのハプログループの分布範囲が縄文時代を通じて不変であったと推定されている．このように，細石刃集団の動向は，日本列島における人類集団の遺伝的関係の形成にも直接的に影響を与えている．

　本論では，細石刃石器群が有した自然観や宗教観にまで迫ることはできなかった．しかし，後期旧石器時代のユーラシアにはビーナス像などの豊かな動産芸術があり，埋葬人骨や副葬品に見られる宗教的な営みがある．芸術や抽象性・象徴性の理解，他界観念の成立はサピエンスの特徴であり，それらの検討は今後の大きな課題となるに違いない．

文献一覧
安達 登・藤山龍造
　2010「遺伝学と考古学の接点――ミトコンドリア DNA 解析に見る北海道・東北日本の"縄文人"とその由来――」，『日本考古学協会第 76 回総会研究発表要旨』: 42-43 頁.
鹿又喜隆
　2003「第 5 章　出土遺物の分析結果」，『荒屋遺跡第 2・3 次発掘調査報告書』: 39-54 頁，東北大学大学院文学研究科・川口町教育委員会.
　2004a「細石刃の装着法と使用法――荒屋遺跡・タチカルシュナイ第Ⅴ遺跡 C 地点出土資料の分析から――」，『考古学雑誌』（日本考古学会）88-4: 1-27 頁.
　2004b「大石田町立歴史民俗資料館所蔵の角二山遺跡細石刃石器群の研究」，『山形考古』（山形県考古学会）7-4: 19-32 頁.
　2008「大石田町立歴史民俗資料館所蔵の角二山遺跡細石刃石器群の研究 (その 2)」『山形考古』（山形県考古学会）8-4: 3-6 頁.
　2009「福島県笹山原 No.27 遺跡の機能研究」，『第 23 回東北日本の旧石器文化を語る会予稿集』:

46-51 頁.
　2011 「細石刃集団による地点間の活動差」,『東北文化研究室紀要』(東北大学大学院文学研究科) 52: 1-19 頁.
　2012 「沿海州の後期旧石器時代石器群における石器機能研究—ウスチノフカⅠ遺跡・スヴォロワⅢ・Ⅳ遺跡—」,『旧石器考古学』(旧石器談話会) 77: 1-8 頁.
　2013a 「北海道における初期細石刃石器群の機能研究—千歳市柏台1遺跡出土石器の使用痕分析—」,『旧石器研究』9 (日本旧石器学会): 27-41.
　2013b 「北海道・本州における細石刃石器群の石器使用行動の共通性とその含意—北海道暁遺跡第1地点における石器機能研究を中心に—」,『日本考古学』(日本考古学協会) 35: 27-45 頁.
　2013c 「北海道細石刃石器群のキャンプサイトにおける骨角加工の実態—オルイカ2遺跡の事例から—」,『文化』(東北大学文学会) 77-1・2: 26-41 頁.
　2015 「細石刃の消滅にともなう彫刻刀形石器の機能変化—北海道帯広市の旧石器時代遺跡群の比較研究から—」,『旧石器考古学』(旧石器談話会) 80: 51-65 頁.
　2016 「福井洞穴の研究における課題と指針—土器と石器に関する新たな視座から—」,『九州旧石器』(九州旧石器研究会) 20: 17-26 頁.
鹿又喜隆・佐々木繁喜
　2015 「角二山遺跡出土の黒曜石製細石刃の原産地推定とその意義」,『山形考古』(山形県考古学会) 45: 34-40 頁.
鹿又喜隆・高原要輔・会田容弘
　2014 『猪苗代湖畔に消えた旧石器時代遺跡—福島県笹山原 No.27 遺跡の細石刃石器群の研究—』,(株)仙台共同印刷.
木村英明
　1997 『シベリアの旧石器文化』北海道大学図書刊行会
　2013 「第Ⅱ部酷寒に挑む旧石器時代の人びとと技—北方ユーラシアにおけるホモ・サピエンスとマンモスハンターの起源—」,『氷河期の極北に挑むホモ・サピエンス—マンモスハンターたちの暮らしと技—』: 119-189 頁, 東京: 雄山閣.
長沼 孝ほか
　1985 『函館市石川1遺跡』北海道埋蔵文化財調査センター調査報告書第45集.
日本旧石器学会編
　2010 『日本列島の旧石器時代遺跡—日本旧石器(先土器・岩宿)時代遺跡のデータベース—』, 東京.
建石 徹・加藤 稔・渋谷孝雄・会田容弘・小菅将夫・二宮修治
　2012 「山形県湯の花遺跡・群馬県稲荷山Ⅴ遺跡出土黒曜石資料の産地分析」,『岩宿フォーラム 2012 シンポジウム北関東地方の細石刃文化予稿集』(岩宿博物館): 90-94 頁.
Bever, M. R.
　2006 Too little, too late? The radiocarbon chronology of Alaska and the Peopling of the New World. *American antiquity* 71(4), 595-620.
Berger, J.
　2004 The Last Mile: How to Sustain Long-Distance Migration in Mammals. *Conservation Biology* 18-2, 320-331.
Bischof, R. et al.
　2012 A migratory northern ungulate in the pursuit of spring: jumping or surfing the green wave? *The American naturalist* 180 (4), 407-424.
Bonnichsen, R., B. T. Lepper, D. Stanford and M. R. Waters (ed.)

2005 *Paleoamerican origins: beyond Clovis*. Texas M&A University.

Derevianko, A. et al.
2003 Prirodnaya Sreda I Chelovek v Paleolite Gornogo Altaya (Paleoenvironment and Paleolithic Humans of the Mountainous Altai) (in Russia)

Dikov, N. N. (translated by R. L. Bland)
2004 *Early cultures of Northeastern Asia.* University of Oregon

Dixon, E. J.
2001 Human colonization of the Americas: timing, technology and process. *Quaternary Science Reviews* 20, 277-299.

Erlandson, J. M. and T. Braje
2011 From Asia to the Americas by boat? Paleoecology, and stemmed points of the northwest Pacific. *Quaternary International* 239, 28-37.

Fryxell, J. M. and T. Avgar
2012 Animal migration: catching the wave. *Nature* 490, 182-183.

Goebl, T.
2002 The Middle to Upper Paleolithic transition in Siberia. *Anthropological Papers of the University of Alaska New Aeries* 2(1), 94-114.

Goebel, T., H. L. Smith, L. DiPietro, M. R. Waters, B. Hockett, K. E. Graf, R. Gal, S. B. Slobodin, R. J. Speakman, S. G. Driese, D. Rhode
2016 Sepentine Hot Springs, Alaska: results of excavations and implications for the age and significance of northern fluted points. *Journal of archaeological science* 40, 4222-4233.

Golubev, V. A., and Lavrov, E. L.
1988 *Sakhalin v epokhu kamn "a* (Sakhalin in the Stone Age) . Nauka, Novosibirsk. (in Russia)

Graf, K. E.
2015 Modern human response to the Last Glacial Maximum in Siberia. *Emergence and discovery of modern human behavior in Paleolithic Asia,* 506-531.

Gunchinsuren B., S. Gladyshev, A. Tabarev, Y. Kanomata and A. Khatsenovich
2013 Use-wear Analysis on Palaeolithic Artifacts of Northern Mongolia. *Bulletin of the Tohoku University Museum* 12：8-24.

Hebblewhite, M., E. Merrill and G. McDermid
2008 A multi-scale test of the forage maturation hypothesis in a partially migratory ungulate population. *Ecological Monographs* 78（2）, 141-166.

Kuzmin, Y. V.
2007 Chronological framework of the Siberian Paleolithic: Recent achievements and future directions. *Radiocarbon* 49-2, 757-766.

Kuzmin, Y. V. and S. G. Keates
2016 Siberia and neighboring regions in the Last Gracial Maximum: did people occupy northern Eurasia at that time? *Archaeological and Anthropological Sciences,* 1-16. (doi:10.1007/s12520-016-0342-z)

Lorenzen, E. D. et al.
2011 Species-specific responses of Late Quaternary megafauna to climate and humans. *Nature* 479, 359-365.

Martin, P. S.
1967 Prehistoric overkill. *Pleistocene extinctions: the search for a cause*, (Yale University) 75-120.

Martin, P. S.

1973 The discovery of America. *Science* 179, 969-974.

Müller, S., P. E. Tarsav, A.A. Andreev and B. Diekmann
    2009 Late Gracial to Holocene environments in the present-dry coldest region of the Northern Hemisphere inferred from a pollen record of Lake Billyakh, Verkhoyansk Mts, NE Siberia. *Climate of the Past* 5, 73-84.

Nikolskiy, P., and V. Pitulko
    2013 Evidence from Yana Palaeolithic site, Arctic Siberia, yields clues to the riddle of mammoth hunting. *Journal of archaeological science* 40 (2013), 4189-4197.

Perego, U. A. et.al.
    2009 Distinctive Paleo-Indian migration rutes from Beiringia marked by two rare mtDNA haplogroups. *Current Biology* 19, 1-8.

Ray, N. and J. M. Adams
    2001 A GIS-based vegetation map of the world at the Last Glacial Maximum (25,000-15,000 BP). *Internet Archaeology* 11, 1- 44.

Slobodin, S.
    2001 Western Beringia at the end of the ice age. *Arctic anthropology* 38-2, 31-47

Takakura, J.
    2012 Emergence and development of the pressure microblade production: a view from the Upper Paleolithic of Northern Japan. *The emergence of pressure blade making: from origin to modern experimentation.* (P. M. Desrosiers, ed.) 285-306. Supringer

Terry, K., I. Buvit and M. V. Konstantinov
    2016 Emergence of microlithic complex in the Transbaikal region of southern Siberia. *Quaternary International* 425, 88-99.

Yi, M., X. Gao, F. Li and F. Chen
    2016 Rethinking the origin of microblade technology: A chronological and ecological perspective. *Quaternary International* 400, 130-139.

# 第2章　アイヌ・エコシステムの舞台裏

民族誌に描かれたアイヌ社会像の再考

大西 秀之
Onishi, Hideyuki

## 1　アイヌ社会をめぐる民族誌モデルの矛盾

　狩猟採集社会は，われわれ現生人類であるホモ・サピエンスが出現するはるか以前から，人類進化の生存基盤として営まれてきたライフスタイルである．実際，20万年とされる現生人類の歴史に限っても，そのほとんどは狩猟採集にもとづく生活であり，生産経済とされる農耕や牧畜にもとづく社会は，ここ最近1万年ほど前に開始されだしたものに過ぎない．もっとも，その1万年間で，狩猟採集社会は地球上から急速に姿を消していった．

　ところで，日本列島を含む東北アジア地域は，狩猟採集社会が最近まで存続してきた地域の一つである．なかでも，北海道を中心にサハリン南部や千島列島に暮らしたアイヌの人々は，世界中で最もよく知られた東北アジアを代表する狩猟採集民といっても過言ではない．アイヌ社会は，雑穀栽培などを一部補完的に行っていたものの，狩猟・漁撈・採集を主要な生業基盤としていたと認識されている．この認識は，一般社会のみならず人類学や歴史学をはじめとするアカデミズムにおいても――いくつかの異論や批判はあるものの――共有されてきた．

　他方で，こうした既存の理解に再考を促す新しい視座が，1980年代以降，歴史学や考古学などの調査研究から提示されている．その概要は，次の二点にまとめることができる．まず一点は，アイヌ社会は生存のために狩猟・採集・漁撈に従事する，外部世界から孤立した小規模なコミュニティではなく，生活必需品などを得るため近隣の集団や国家と交易を積極的に行い，比較的複雑な社会組織を

構築していた，という視座である（岩崎1998，瀬川2005，関根2014）．もう一点は，そのようなアイヌ社会の生存戦略や社会形態は，必ずしも独立的かつ自律的なものではなく，たぶんに日中露など周辺の国家による植民地主義の影響を受け形成されたものである，という視座があげられる（Fukasawa 1998, Walker 2001, 高倉2006, 手塚2011）．

しかし，上記の研究動向の反面，1970年代までに人類学的な調査研究によって構築されたアイヌ社会に関する民族誌モデルが，必ずしも完全に棄却されることなく，むしろ新たな視座を提示する歴史学や考古学のなかで前提となっている，という矛盾した傾向が指摘できる（大西2008: 239頁）．その傾向の具体例として，外部社会との関係性や社会経済活動などで新たな視点を提示する一方，日々の生計活動や社会構造に関しては既存の民族誌モデルが参照されている，というケースが少なからず見受けられる．こうしたあり方は，過去のアイヌ社会の民族誌モデルに対して，歴史的な背景や変化を無視あるいは十分に考慮していない，という厳しい本質主義批判が人類学や歴史研究などからしめされているだけに，一層矛盾の度が高いといえる．

では，このアイヌ社会の民族誌モデルをめぐる矛盾が，単なる事実誤認にもとづくものであり，いずれ調査研究の進展によって解消される誤謬か，と問われたならば回答に窮せざるをえない．というのも，民族誌モデルに記されたアイヌ社会のあり方は，北海道開拓が推進された明治期（1868〜1912年）において，北海道を中心とする周辺地域で実際に観察されたものだからである．またこれとは別に，民族誌モデルとして描かれた小規模な狩猟・漁撈・採集活動を生計基盤とするアイヌ社会は，幕藩体制などとの関係性のなかで近世期後半以降に強制された結果である，との仮説が文献史料の分析などから提示されている（出利葉2002）．

であれば，解決すべき課題は，民族誌モデルの対象・素材として描かれた——近世期末から近代初頭頃の——アイヌ社会が，どのような歴史的要因とプロセスによって形成されたかを明らかにすることとなるだろう．こうした課題を考慮に入れ，本章では，アイヌ社会の歴史的変遷を検討する．具体的には，比較的豊富な文献史料が遺され，なおかつ他分野の研究成果が蓄積されている，北海道アイヌと幕藩体制の関係を主要な対象とする．このような検討を通して，民族誌モデ

ルに描かれたアイヌ社会の状況が形成されるに至った歴史的背景を読み解くとともに，そのなかで展開された社会変容の実態解明を試みる．

## 2 民族誌モデルとしてのアイヌ社会像

　アイヌ社会の歴史的背景の検討に先立ち，まず前提作業としてその民族誌モデルの概要を把握する．アイヌの人々に関する民族誌的な調査・研究は，現在まで日本国内に限っても質量ともに少なからずの蓄積がある．ただし，全体的かつ包括的なアイヌ社会像をしめした研究となると，その数は途端に限定されたものとなる．

　そのような状況のなかで，一般に周知され参照されている，アイヌ社会の全体像を描いた民族誌モデルとして，二つの代表的な研究事例があげられる．まず一つは，北海道西部の日高地方に位置する沙流川流域（図1）での民族誌調査にもとづき，「イオル（iwor）」と呼ばれるアイヌの人々の伝統的な生活空間を中核に据え，その社会組織を検討した泉靖一によるモデルである（泉1951）．このモデルは，人類学のみならず広範な分野のアイヌ研究なかで非常によく知られたものである．もう一つは，北海道東部の十勝地方における十勝川流域内陸部（図1）を対象として，生計戦略や資源利用などに焦点を当てアイヌ社会の生態学的モデルを描いた，渡辺仁による「アイヌ・エコシステム（Ainu ecosystem）」である（Watanabe 1972, 渡辺 1977）．渡辺のアイヌ・エコシステムは，狩猟採集民をテーマとした記念碑的国際シンポジウム"Man the Hunter"での報告後に英文で刊行されたこともあり，世界中で最も知られたアイヌ社会の民族誌モデルとなっている．

　上記の二つのモデルは，それまでに提起されていた既存のアイヌ研究の成果を取り込み，統合を試みたものとなっている．それゆえ，後出のアイヌ・エコシステムは，泉のイオルを中核とする研究成果を積極的に継承し，その基盤のうえに構築されている．また，現在までのアイヌ研究は，どの研究分野においても，直接であれ間接であれアイヌ・エコシステム――とその基になった研究成果――にもとづく社会像の批判ないし継承を基本として継続されてきた，といっても決して過言ではない．実際，アイヌ・エコシステムの社会モデルは，現在まで歴史学や

図1　本章関連地名

考古学などのさまざまな研究分野で参照あるいは引用されている．

　以上のように，アイヌ・エコシステムは，アイヌ社会の民族誌モデルのなかでもグローバルスタンダードと見なしうるものである．このため，本稿では，まず同モデルで描かれたアイヌ社会のあり方を概観したうえで，とくに政治社会側面に焦点を当て検討を進める．なお無用な誤解を避けるため，あらかじめ付言をしておくと，以下で言及・議論する政治社会的制度などは，いうまでもなく近代社会のあり方を前提としたものではなく，あくまでも人類学的研究における諸概念にもとづくものである．くわえて，文献史料にもとづくアイヌ社会に関する表記は，江戸時代の本州以南の地域に暮らす「和人」側の記録であることから，他者のまなざしに根差していることを明示しておく．

　まずアイヌ・エコシステムでは，「チセ（*chise*）（世帯）」，「コタン（*kotan*）（集落）」，「地域集団（local group）」，「イトゥパ集団（*itokpa* group）」，「川筋集団（river group）」からなる5つの社会組織が提示されている（Watanabe 1972: 7-18頁，渡

辺 1977: 388-396 頁）．これらの社会組織は，本来，人類学的な枠組みのなかで設定された概念であったが，現在はアカデミズムのみならず，アイヌの人々を含め一般社会に流通する知識となっている．

　ところで，チセ（世帯）から川筋集団までは，象徴的・イデオロギー的紐帯の下に形成される非空間的な社会単位であるイトゥパ集団（Watanabe 1972: 15-16 頁）を除き，空間的にも社会的にも階層化された関係として位置づけられる（Watanabe 1972: 16-17 頁，渡辺 1977: 395-396 頁）．すなわち，チセが最も基礎的な単位であり，そのうえにコタンから地域集団までが階層的に形成され，同一の川筋を共有する複数の地域集団が形成する川筋集団が最大かつ最高位の社会政治的な統合単位として描かれている．

　他方，それぞれの社会組織は，とくに日常生活のなかで資源や領域を管理する社会政治的主体・役割を担っていたことが指摘されている．具体的には，個人から川筋集団までの各社会組織は，領域ないしは生活空間としてのイオルを，それぞれ保持していた．もっとも，それらの所有権や利用権は，決して固定的なものではなく，季節や状況によって変化する流動的なものであった（Watanabe 1972: 59-60 頁，渡辺 1977: 396-400 頁）．

　ただし，個々の川筋集団は，他の川筋集団に対して，基本的に領域と資源の管理に関する排他的権利を有しコントロールすることができた（Watanabe 1972: 56-59 頁，渡辺 1977: 400 頁）．換言するならば，アイヌ・エコシステムでは，日常生活において川筋集団より上位かつ大規模な社会組織の存在は想定されていないといえる．このため，アイヌ社会では，川筋集団の管轄の下，個人から各社会組織が多種多様な資源を利用・管理し，さまざまな生業活動に携わっていたと想定されている．さらには，もし川筋集団の間に政治的あるいは経済的な衝突が起こった場合，そのコンフリクトを調停しうる上位の社会組織が不在なため，当事者である川筋集団間そのものの交渉によって解決しなければならなかった．

　上記のような，川筋集団の社会政治的な地位や役割は，幕府の役人や出稼ぎ商人などによって記録された江戸時代の史料からも裏づけられる．たとえば，北海道東部の根釧地方では，江戸時代後期に——蝦夷地の統治・防衛のため幕府によって設置された——会所に提訴された，川筋の資源利用・管理の権利をめぐる三つの紛争に関する公式記録が残されている（高倉 1966: 163-217 頁）．これらの記録

から，少なくとも江戸時代後期に関しては，アイヌ社会に川筋を超える上位の社会政治組織は存在しておらず，それゆえ自らを支配する外部権力である幕府の出先機関に裁定を委ねたことが窺われる（大西 2008: 256-259 頁）．

さらには，一部の時期や地域で例外となるケースは散見されるものの，基本的にアイヌ・エコシステムで描かれた社会組織にかかわる生計活動，資源管理，儀礼実践，政治役割などは，文献史学的な史料批判と考古学的なデータ分析によって，その実体性がこれまで検証されている．一例をあげるならば，人口移動から川筋集団の実体性が（遠藤 1997，瀬川 2005: 133-151 頁），また資源管理の占有的あり方などが（煎本 1987，瀬川 2005: 113-125 頁），それぞれ実証的な文献史料や考古資料の分析などによって確認されている．くわえて，これらの研究事例から導かれる傍証として，幕藩体制の対アイヌ政策が間接統治から直接統治に転換し，「蝦夷地」の経営・開発が本州以南の経済資本によって本格的に推し進められるようになる江戸後期以降（1799 〜 1868）に関しては，後述するようにアイヌ・エコシステムの社会像を大きく逸脱すような事例は大枠において認めがたいことが確認できる．

## 3　惣大将・惣乙名と呼ばれたアイヌ首長

アイヌ社会の社会組織は，最小単位としのチセから最大単位としての川筋集団によって構成されており，川筋集団を超える社会統合の単位は存在していなかったことを確認した．また，こうした民族誌モデルが提示した社会像は，江戸後期に関しては一定の史料的・資料的な裏づけをもつものであった．もっとも，歴史的事実として，アイヌ社会は，北海道全域などの広範な地理的単位で統合された実体的な組織を構築したことはない．であれば，民族誌モデルが提起するように，川筋集団が日常生活の最上位の社会政治的組織ならば，アイヌ社会には川筋集団のリーダーよりも社会政治的に上位の存在はいないこととなる．

ところで，社会の——組織や構造などの——発展や複雑性のレベルを図る指標として，アメリカの文化人類学者エルマン・サービスによって定義された「バンド社会」，「部族社会」，「首長制社会」，「国家」の 4 段階区分があげられる（Service 1962）．それぞれのステージの概要は，たぶんに環境的な制約を受け小規模であ

るが比較的平等な血族的紐帯にもとづくバンド社会から，親族集団の規模が拡大し政治権力が行使される部族社会を経て，中央集権的な政治支配機構が整い管理効率が得られる首長制社会に移行し，最終的により政治支配機構が洗練された国家に至る，という発展段階的図式となっている．なお，各段階区分の移行・発展には，前提条件として食料獲得が基盤とされているが，結果的に人口規模の拡大と社会の階層化と複雑化が進むことになる．

　サービスの4段階区分に対しては，その発展段階論的な性格が人類学の内外から批判されてはいるものの，社会組織の発展レベルを説明する最もポピュラーな概念モデルとして，考古学や生態人類学などを中心にさまざまな研究分野で引用されている．もし仮に，このサービスの4段階区分に，アイヌ・エコシステムなどの民族誌モデルで描かれたアイヌ社会を当てはめるならば，おそらく「首長制社会」には達していない「部族社会」段階に位置づけることが妥当ではないだろうか．

　しかし，江戸時代の前期や中期に記録された史料のなかには，民族誌モデルのアイヌ社会のリーダーとは非常に性格や様相を異にする，「惣大将」や「惣乙名」と呼ばれる首長的存在が記録されている．これらの首長は，川筋集団の生活圏をはるかに超えた，広範囲の地域に政治的影響を及ぼす存在であったことが，文献史料から窺うことができる．

　なお，惣乙名と呼ばれる存在は，江戸時代の文献記録のみならず，北海道開拓が進んだ明治期にも，内陸部を中心とする比較的開発の影響が及びにくかった地域に存在していたことが知られている．たとえば，石狩川上流域の上川盆地には，三つの川筋集団をまとめる惣乙名がいたことが確認できる（原田 1994: 746-766頁）．ただし，こうした惣乙名は，実質的な社会的・政治的影響を及ぼしうる権限や役割は有していない，あくまでも象徴的な存在であったようである．このため，惣乙名の存在は，川筋集団が日常生活における最上位の社会政治単位あったことを必ずしも否定するものではない．

　これに対し，江戸時代の前期や中期の史料に描かれた惣大将や惣乙名は，極めて大きな社会政治的リーダーシップを有していたことが，その記録の随所に示唆されている．そうした記録は，「シャクシャインの戦い」として一般に知られる「寛文蝦夷蜂起」（1669〜1672）や「クナシリ・メナシの戦い」（1798）と呼ばれる「寛

政蝦夷蜂起」の史料のなかに確認できる．

　シャクシャインの戦いは，江戸時代初期に幕藩体制下で蝦夷地の管理，経営を一任されていた松前藩に対して，アイヌの人々が起こした最大の抵抗である．この戦いでは，「惣大将」と記録された広大な地域に社会政治的なリーダーシップを保持する——首謀者となったシャクシャインをはじめとする——首長層が重要な役割を果たし，松前藩に対して自らの独立性を主張したことが確認できる（図2）．そのなかでも，最も勢力のある惣大将として描かれた，北海道中部石狩川流域に

図2　シャクシャインの戦いに関連する惣大将とその勢力圏
出展：「図4寛文期におけるアイヌ社会の地域的統一」（海保1974: 73頁）と「図惣大将の勢力圏」（海保1984: 303頁）を基に作図．

勢力を持つハウカセは，松前藩の装備を上回る 40 〜 50 艇もの火縄銃を所持していた（海保 1974: 232 頁）．ちなみに，元和元（1616）年に幕府が定めた軍役によれば，1 万石に付き 20 艇の火縄銃を装備することを義務づけていることから，ハウカセの勢力が保持していた火縄銃の数は，2 万〜 2 万 5 千石クラスの大名の軍備に相当することとなる．むろん，これは火縄銃のみに限定した想定であり，単純な対比はできないものの，既存のアイヌ社会のイメージとは大きく異なる姿といえるだろう．

文献史家としてアイヌ史を研究してきた海保嶺夫は，シャクシャインの戦いで描かれた惣大将の存在から，同時期のアイヌ社会は川筋集団の領域より相対的に

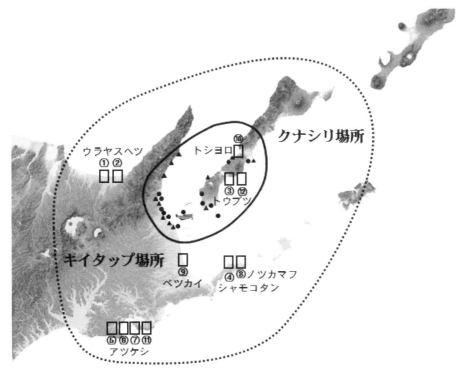

図 3　クナシリ・メナシの戦い概要地図
　●　和人襲撃地　　▲　参戦したアイヌコタン　　□　『夷酋列像』首長の拠点
　①〜⑫『夷酋列像』首長の記載順序　　──　紛争地域　　……　『夷酋列像』首長の勢力圏

出展：「図 16 クナシリ・メナシの戦い関連地図」（大塚 2011: 113 頁）を基に作図．

広範な地域に勢力を有する首長層に主導されており，階層化された社会に成長しうる可能性を十分に秘めていた，との仮説を提起している（海保 1974: 72-78 頁）．くわえて，海保は，そのようなアイヌ社会の可能性はシャクシャインの戦い後に，幕府や松前藩の政策によって制限を受け最終的に解体された，という見通しをしめしている（海保 1984: 303-311 頁）．

　一方，クナシリ・メナシの戦いは，北海道東部の国後島を挟む根室海峡周辺で，同地の場所請負商人である飛騨屋――に漁場労働のため雇用されていた和人――の横暴に耐えかねたアイヌの人々が，商人や商船を襲撃し和人 71 名を殺害したものである（図 3）．この戦いにおいても，惣乙名や乙名と呼ばれる――シャクシャインの戦いにおける惣大将と非常に類似した――広範な地域に強力なリーダーシップを発揮する首長層の存在が，松前藩や幕府の公式文書に記録されている．そうした首長層の一人で，国後島の惣乙名であるツキノエは，飛騨屋の商業活動を 9 年間に渡って阻害したり，中千島のウルップ島でロシア人と直接毛皮交易などを行うなど，松前藩に対して対抗的・自立的な姿勢を顕示していた．

　このように幕藩体制にも対抗しえた首長層のあり方は，クナシリ・メナシの戦いの鎮圧に協力・貢献したアイヌの首長 12 人を描いた，松前藩家老の蠣崎波響による『夷酋列像』において顕著に窺うことができる．そこでの 12 人の首長たちは，それぞれ蝦夷錦と呼ばれた清朝の官服や帝政ロシアの軍服などを身に着けた姿で描かれている（図 4）．こうした夷酋列像の首長の姿は，決して常態的なものではなく，同地域のアイヌの人々が諸外国の勢力と繋がっていたことを示唆することにより，松前藩が蜂起の責任を回避しようとした政治的捏造である，という見解が一般になされている（大塚 2011: 114, 119-120 頁）．とはいえ，幕藩体制下の基本政策として，松前藩を含め和人社会の側が直接海外と交易を行うことが禁じられていたため，これら清朝や帝政ロシアの衣服は，基本的にアイヌ社会を介して入手された，と考えるよりほかにない．そういった意味で，夷酋列像の首長たちの姿が松前藩による政治的捏造であったとしても，同地域を含めたアイヌ社会が幕藩体制の版図を超え，清朝や帝政ロシアなどの諸外国と交流し，その結果として一部階層分化とも認識しうるような状況を形作っていたことは完全には否定できない（岩崎 1998: 101-104 頁，大塚 2011: 99-105 頁）．

　ただし，こうしたアイヌ社会の自立性と階層化の可能性は，幕藩体制に対する

**図 4 『夷酋列像』**
イコトイ（左）とツキノエ（右）．国立民族学博物館所蔵．

最後の大規模な抵抗となったクナシリ・メナシの戦いを契機に急速に減退することとなる．というのも，この戦いに衝撃を受けた幕府は，ロシアをはじめとする欧米列強の植民地勢力によるアイヌ社会への接近と包摂に危機感を抱き，松前藩を介した間接統治から直接統治に政策転換を図り，さらにはアイヌ社会に対する同化政策を推し進めるようになるからである．このため，クナシリ・メナシの戦いは，シャクシャインの戦いと同様に，アイヌ社会にとって一大転換点だったといえる．

以上のように，シャクシャインの戦いやクナシリ・メナシの戦いのなかに登場する，惣大将や惣乙名などの首長層の姿は，民族誌モデルのアイヌ社会像とは極めて様相を異にするものである．サービスの4段階区分に当てはめるならば，「部族社会」よりも「首長制社会」の段階に位置づける方が妥当だろう．とすれば，新たな問いが提起されることとなる．それは，シャクシャインの戦いやクナシリ・メナシの戦いにおける首長層のあり方は，当該期のアイヌ社会において常態

的なものであったのか，それとも紛争時という非常事態に生み出された特殊状況であったのか，という疑問である．さらには，もしそれが常態的なものであったならば，江戸後期以降のアイヌ社会が「首長制社会」から「部族社会」に擬される形態に変容した要因の解明が求められることとなる．

## 4 アイヌ社会階層化の可能性

### 環境可能論の視座

　江戸中期以前に生起した二つの戦いにおける，惣大将と惣乙名に象徴されるアイヌ社会のあり方が，常態的なものであったか否かを探るためのアプローチとして，相異なる二つの視座を措定することができる．簡潔に述べるならば，それらの視座は，社会の内部と外部どちらの要因に焦点を合わせるかの違いとなる．

　まず内部の要因を探るアプローチとして，当該社会そのものの潜在能力に焦点を当てる方法が代表的な事例としてあげられる．この方法では，一般的に環境要因や生業技術あるいは社会制度などに注目し，階層化社会を形成するための諸条件を追求する．こうしたアプローチの代表として，自然環境を人類社会の制約ではなく可能性として位置づけ，その可能性をどこまで引き出すことができるか否かは文化社会要因による，との視座に立つ環境可能論があげられる．ちなみに，環境可能論は，サービスとともに文化生態学を主導したマーシャル・サーリンズによって人類学に流用されたアプローチでもある（Sahlins 1964）．

　アイヌ・エコシステムの提唱者である渡辺仁は，環境可能論や文化生態学と理論的基盤を共有する，社会生態学アプローチによってアイヌ社会を含む北太平洋周辺地帯における階層化された狩猟採集民社会の形成要因を追究している（Watanabe 1983, 渡辺 1990）．渡辺は，まず同地域の階層化された狩猟採集社会の諸事例を概観し，それらの社会が立脚する自然環境のバイオマスが，社会経済的余剰を生み出す十分な資源量を秘めているため，比較的複雑な階層化された社会を建設することができたと指摘する．とりわけ，同地域では，河川や海浜から大量の水産資源を得ることができ，それが階層化された狩猟採集民社会が成立するための不可欠な要因となっている，との想定を提起している（渡辺 1990: 24-25, 60, 68-69頁）．そのうえで，そうした生態学的条件は高緯度地帯だけに存在し，

それゆえ北太平洋周辺地帯以外の狩猟採集民は階層化社会を形成することができなかった，という見解をしめしている（渡辺 1990: 64 頁）．

　くわえて，渡辺は，アイヌ社会では──食糧生産として寄与しないものの──文化的意味のある象徴実践としてクマや海生哺乳類のような大型獣の狩猟に特化した上位層と，日々の生存を支える食糧生産としての漁撈に従事する一般層からなる社会階層が形成されていることを，過去の民族誌や自身の調査などから指摘している（渡辺 1990: 28-32 頁）．また，そうした社会階層は，必ずしも固定された政治的・経済的な格差ではなかったが，上位層の構成員は周辺社会との交易を独占的に行いイコロ（*ikor*）と呼ばれる威信財などの富を蓄積したことを示唆している（渡辺 1990: 52-56 頁）．こうした威信財は，アイヌ社会の儀礼実践において必要となるため，上位層は社会文化的な名声を得ることとなり，結果として乙名──あるいはアイヌ語でオッテナ（*Ottena*）──などのリーダーの地位に就くこととなった，との見解をしめしている（渡辺 1990: 67-68 頁）．

　上記のような，民族誌データにもとづく渡辺の見解を認めるならば，アイヌ社会の階層化は，巨大なバイオマスを有する北太平洋周辺地帯の水産資源を必要条件とし，それを集約的に利用し蓄積できる生業技術と社会制度を保持していたからこそ実現しえた，という結論が導かれる．こうした結論は，少なくとも渡辺が立脚した社会生態学アプローチに関する限り，非常に説得的かつ実証的なものといえよう．

**本質主義批評と歴史背景**

　環境可能論をはじめとする生態学的アプローチは，一般に空間的・物理的に閉じた生態系（エコシステム）を前提としているため，必然的に内部要因のみに議論が集中することとなり，往々にして外部からの影響を考慮しない「本質主義」として厳しい批判を受けるきらいがある．実際，狩猟採集民の評価をめぐる本質主義と修正主義の応酬は，著名な「カラハリ論争」（Lee and De Vore 1968, Wilmsen and Denbow 1990: 499-503 頁）をはじめ世界中の狩猟採集民を対象とした研究のトピックや課題となっている．また，そのような論争は，北太平洋周辺地帯の狩猟採取民研究にとっても例外ではない．と同時に，こうした経験は，同地域の狩猟採集民研究にとって，外部社会からの影響による歴史変容の重要性を

認識し検討する機会となった．

　その最も顕著な事例として，北西海岸のアメリカ先住民社会が，欧米列強の植民地主義から多大な影響を受けたことがあげられる．なかでも，ヨーロッパ人との毛皮交易は，嗜好品や生活必需品を含む数々の物資を多量にもたらしたことにより，当該社会に強烈なインパクトを及ぼし大きな社会変容を引き起こした（岸上 2001）．具体的には，そうした取引によって，既存の自製品よりもはるかに生産性の高い，鉄器や工業製品が導入された結果，一部の先住民社会では，富の蓄積が可能となり社会発展のための余剰が生じることとなった（岸上 2001: 320, 339-340 頁）．これに加え，北西海岸の狩猟採集民社会は，好むと好まざるとにかかわらず，交易商品としての毛皮生産に集中しさえすれば，日常生活の必需品を入手できることとなり，より社会発展のための余剰を生み出せる状況ができたのである．

　上記の事例から，北西海岸における狩猟採集民の相対的に複雑な階層化された社会は，欧米列強の植民地主義にもとづく交易活動によって形成されたものである，という仮説を導くことができる．くわえて，北米大陸における植民地主義によってもたらされた状況は，北太平洋周辺地帯の東北アジア側の狩猟採集社会にも認められるものであり（大西 2014: 54-56 頁），アイヌ社会もその例外ではない．

　そうした研究事例は，ほかならぬ渡辺仁による社会生態学アプローチのなかでも，豊富な資料・データによってしめされている．実際，渡辺は，北太平洋周辺地帯の狩猟採集民が，近隣の社会や国家と交易を中心とする関係を構築していたことを明確に認識していた．そのうえで，そうした外部社会からもたらされる物資は，同地域のアイヌ社会を含む狩猟採集民社会の階層化や複雑化に，重要な役割を果たしていたことを指摘している（渡辺 1990: 39-40, 52-56 頁）．

　であれば，アイヌ社会と幕藩体制との関係にも，北西海岸の狩猟採集民社会における階層化や複雑化は植民地主義の多大な影響によって促された，という前述の仮説が適用できることとなる．もっとも，あくまでも渡辺の目的は，北太平洋周辺地帯の狩猟採集民が階層化社会を形成しえた要因を，社会生態学アプローチによって究明することにあったため，そうした外部要因は副次的な位置づけをでなかったのである．

　他方で，渡辺によって提示された，階層化社会形成の前提条件としての生態学

的要因は，完全に否定されるものではない．というのも，もしそうした生態学的要因がなかったならば，植民地主義の影響のみで北太平洋周辺地帯の狩猟採集民が階層化社会を形成することができた，とは想定しえないからである．このことは，北太平洋周辺地帯を除く世界の他地域の狩猟採集民には，植民地主義の影響を受けたにもかかわらず階層化社会を形成した事例がない，という民族誌・民族史事例から端的に傍証できる．

なお付言するならば，低緯度地帯のオセアニアなどでも，農耕民は，欧米の植民地主義の影響を受け首長制社会や国家を形成している（Sahlins 1958）．このため，北太平洋周辺地帯と他地域の間に，植民地主義の影響に違いがあり，その結果高緯度地帯の狩猟採集民のみが階層化社会を形成しえた，との想定は成り立たなくなる．とすれば，アイヌ社会を含む北太平洋周辺地帯の狩猟採集民社会が階層化をなしえた理由は，生存のために十分なバイオマスを有する水産資源が前提条件としてあったからこそ，植民地主義の影響の下で余剰を生み出すことができた，という仮説の説得性は高くなる．

## 5　アイヌ社会変容の政治生態学

### 首長層の評価

アイヌ社会は，民族誌に記述された江戸後期を含め，狩猟・採集・漁労を生業活動の基盤としながらも，階層化社会を形成していたことを確認した．また，そうした階層化は，巨大なバイオマスを孕む水産資源と，交易によって外部社会から提供される物資によって，当該社会が余剰を蓄積できたことが要因として想定された．

この結果，アイヌ社会は，階層分化のための条件を有し，それを──規模の大小は別として──実現していた．とすれば，解明すべき問題は，江戸中期までのアイヌ社会が「首長制社会」ともみなしうる，広範な規模の領域に勢力を誇る社会政治的リーダーに率いられた様相を呈していたにもかかわらず，江戸後期以降には民族誌モデルに描かれたような姿に変容した理由である．

ところで，シャクシャインの戦いにおける惣大将に関しては，「初原的な国家」にも到達しえていた，という海保嶺夫の評価（海保1974:78頁）に対して，実態

は川筋集団を超えるものではなかった，という大井晴男による批判がある（大井 1992）．大井は，考古資料や民族誌データによって文献史料を読み解くなかで（大井 1984），同事件を描いた和人側の記録には，政治的捏造や事実誤認などが介在しており，アイヌ社会の規模を誇大に表現している，という結論を下している（大井 1992: 64-66 頁）．さらに，大井は，シャクシャインの戦いにおける首長層のあり方は「非常時」の一時的なものであり，常態化することはなかったとの見解をしめしている（大井 1984: 160-161 頁）．

こうした大井の批判は，一定の配慮を払うべき数多くの示唆が含まれているものの，あくまでも同事変の中核となったシャクシャインの「メナシクル」とオニビシの「シュムクル（ハエクル）」——の事変前——の勢力圏の検証に収斂しており，その他の惣大将たちを検討しているわけではない．また「非常時」の一時的な状況とはいえ，道東部の白糠から道北部の増毛までに至る広範囲の地域が，シャクシャインに呼応し蜂起したことは事実である．くわえて，クナシリ・メナシの戦いにおいても，同様に広範な地域のアイヌ集団が一斉蜂起していること，またその鎮圧に松前藩が惣乙名の影響力を利用していること，などの事象を考慮するならば，二つの事変における首長層の社会政治的影響力が川筋集団のみに限定されていた，とは——少なくとも事変時に関する限り——想定しがたい．

またそれ以上に，江戸中期以前のアイヌ社会に関しても，民族誌モデルをそのまま遡及できる，と想定することは歴史変容を棄却した本質主義との批判をまぬがれないだろう．このため，江戸中期をメルクマールとして，アイヌ社会に変容があったか否か，大井批判の検証も兼ねて検討する．

## アイヌ社会をめぐる政治経済史

最初に検証すべきは，江戸中期以前と後期以後のアイヌ社会の違いが，内的要因と外的要因のどちらによって引き起こされたか，という問題である．この問いに関しては，まずもって内的要因の可能性は想定しがたい．というのは，江戸時代を通して，自然環境そのものの側に——後述するような人為的要因によるケースを別とすれば——大きな変動があったわけではないからである．

とすれば，外的要因のなかに，アイヌ社会に変容を促すものがあったか否かの追究となる．そうした可能性を孕む要因として，幕藩体制による蝦夷地政策の転

換が第一にあげられる．幕府は，当初，松前藩領である和人地以外を「異域」として位置づけ，「蝦夷のことは蝦夷次第」という政策理念の下，アイヌの人々に対する間接統治を行っていた．このため，アイヌ社会は，少なくとも自らの日常生活空間において，一定の自立性・自律性を確保していた．実際，松前藩は，アイヌ社会の統治のため「乙名」，「小使」，「土産取」からなる「蝦夷三役」を任命していたが，その実態は既存の有力者を追認していたに過ぎなかった．

　しかし，こうした政策は，ロシアの脅威を契機とした対外防備策によって転換され，寛政11（1799）年に東蝦夷地が——次いで文化4（1807）年に西蝦夷地が——幕府の直轄となる．その結果，蝦夷地には，幕府に任命された役人が送り込まれ，アイヌ社会の直接統治が行われるようになる．とりわけ，この政策転換にともない，蝦夷地の「内国化」が推し進められ，アイヌ社会に対しても「改俗」という同化政策が施された．また「蝦夷三役」の名称も，「庄屋（名主）」，「年寄」，「百姓代」と改められ，幕藩体制下の村役人と同じ扱いとされた．もっとも，こうしたアイヌ社会に対する施策は，不徹底で貫徹されなかったものの，さまざまな影響を及ぼし，既存の自立性・自律性は大いに損なわれた．

　一方，上記の政策以外にも，大きな影響を及ぼした要因として「商場知行制」から「場所請負制」への転換があげられる．商場知行制とは，松前藩がアイヌ社会との交易のために採った制度であり，藩主や上級藩士が定期的に蝦夷地に割り振られた「商場」に出向き，独占的に交易する仕組みであった．この制度下では，アイヌの人々は交易相手が松前藩のみに限定され，また交換レートなども知行主である和人側の規定に従わざるをえなかった．ただし，交易の主体性は奪われていたものの，蝦夷地での交易産品の生産は，アイヌ社会側に委ねられた活動であった．

　こうした商場知行制は，18世紀初頭頃から場所請負制に移行する．場所請負制とは，松前藩主や上級藩士に代わって本州系の商業資本が，場所と呼ばれる旧商場の経営を担う制度である．この移行によって，単に経営主体が武士から商人に代わっただけにとどまらず，交易に加えアイヌの人々を労働力とした生産活動にもとづく漁場経営が実施された．その結果，場所請負制の下では，アイヌの人々は交易のみならず生産活動においても従属的な立場に置かれるようになった．とりわけ，その経営の一環として，アイヌの人々を漁場に移住させ使役させたため，

コタンの人口は生業活動の中核を担う成人男性層が空洞化し，そこでの日常生活が成り立たなくなる，という甚大な影響がアイヌ社会に生起した．なお，こうした暴虐ともいえる漁場経営に対する不満・反発が，クナシリ・メナシの戦いの原因であった．

さらに，場所請負制下の蝦夷地経営は，アイヌ社会が生存基盤とする生態環境にも影響を及ぼし，人為的な資源枯渇を引き起こしていた．たとえば，商場知行制との転換期に当たる元禄年間（1688～1704）頃から，蝦夷地では，和人による河口部や河川での大網によるサケ漁が行われていたが，こうした網漁によってサケ・マスの遡上が激減し，上流のコタンが飢饉に見舞われるようになった．安政3（1858）年に北海道東部の西別川の漁撈権・占有権をめぐって，釧路アイヌと根室アイヌの間に起きた「川筋争論」も，河口部での留網漁によってサケ・マスが遡上しなくなったことが，直接の原因となったものであった（高倉 1966: 196-199頁，大西 2008: 257頁）．

以上のように，民族誌モデルの基となった，江戸後期以降のアイヌ社会あり方は，決して普遍的なものではなく，幕藩体制や商業資本との関係性によって，多大な影響を受けていたことを確認した．とくに，前期から中期にかけての蝦夷地政策の転換や場所請負制の経営は，アイヌ社会が生存基盤とする生態環境をも改変することにより自立性・自律性を損ない，その基本構造そのものを組み替えていた．とすれば，シャクシャインの戦いの首長層の評価として，大井晴男が提示した民族誌モデルをダイレクトに遡及させる理解は，少なくとも政治経済的背景を踏まえる限り，にわかには同意しがたいものとなる．なぜなら，たとえ二つの事変の首長層のあり方が「非日常」の一時的な姿であったとしても，江戸後期以降の自立性・自律性が損なわれたアイヌ社会には，その実現は到底困難であったと推論されるからである．

なお付言するならば，大井は，決して歴史的変容や外部社会からの影響を無視していたわけではなく，むしろアイヌ社会は和人集団の「圧迫」を受ける反面，その存立のために「接触・交易が必要不可欠」であった，という理解をしめしている（大井 1984: 145頁）．このように歴史変容や外的影響を正確に認識しつつも，当該社会の「本質」を明らかにしようとする大井の研究視座は，渡辺 仁と軌を一にするものである．

## 民族誌モデルの舞台裏

　江戸中期から後期の歴史的展開を検討した結果，アイヌ社会は，幕藩体制下の政策・制度の転換に起因する多大な政治経済的影響を受け，その自立性・自立性が著しく奪われていたことが明らかとなった．またそれゆえ，江戸後期には，たとえ一時的であったとしても，川筋集団を超える広範な地域に社会政治的な影響力を及ぼすようなリーダーシップは形成しえない状況となっていた．この結果を受け，最後にシャクシャインの戦いやクナシリ・メナシの戦いの首長層に代表される，江戸中期以前のアイヌ社会の様相を検討する．

　惣大将や惣乙名と呼ばれた首長層が，江戸中期以前のアイヌ社会に成立しえた一要因として，交易体制をあげることができる．というのは，場所請負制下でアイヌの人々を使役する生産活動が行われるまでは，松前藩や請負商人に交易の主体性を奪われ従属していたとしても，その産品の生産活動はあくまでもアイヌ社会が担っていたからである．とくに，商場知行制は，年一回——元禄年間から年二回——知行主が特定の商場に出向き，交易を行うのみであったため，必然的に生産活動はアイヌ社会に委ねられていた．くわえて，この制度下では，交易産品を商場に集配して来るのも，当然アイヌの人々によって担われていた．

　とすれば，商場知行制の段階では，交易センターとなる商場に周辺地域で生産された産品を集めることが不可欠となるため，そこに川筋集団を超える一定のリーダーシップが形成されうる余地が生み出されることとなる（図5左）．また，そうしたリーダーシップは，和人側の知行主にとって，たとえ潜在的な脅威を認識していたとしても黙認せざるをえない状態であり，むしろコスト面を考慮するならば積極的に利用した可能性も否定できない．これがシャクシャインの戦いにおける，惣大将なる首長層が存立しえた社会背景であった，という想定は決して荒唐無稽なものではないだろう．

　これに対して，クナシリ・メナシの戦いの時代になると，請負商人による蝦夷地経営は既に開始され，アイヌの人々は漁場労働などに使役されていた．しかしながら，幕府による蝦夷地直轄までは，まだ「蝦夷のことは蝦夷次第」という間接統治政策は放棄されておらず，アイヌの人々が住まう蝦夷地は幕藩体制のなかで「異域」と位置づけられていた．このため，境界領域であった道東北部のアイヌの人々は，清朝やロシアと交易を行うことができていたのである．また，こう

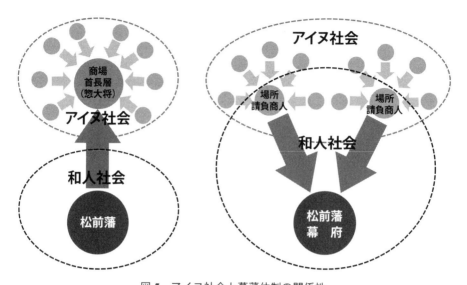

図 5 アイヌ社会と幕藩体制の関係性
左：惣大将や惣乙名が存在しえた社会状況，右：民族誌モデルに描かれた社会状況．

したアイヌ社会の海外交易は，和人社会にとっても，蝦夷錦をはじめとする外国産物を入手するルートとして位置づけられていた．これが夷酋列像に描かれた，惣乙名などの首長層が存続しえた社会背景だったと想定できる．実際，ツキノエなどの惣乙名たちは，漁場労働に使役されている反面，千島列島でロシアとの交易を独自に行っていたことが知られている．

　以上のように，江戸中期以前の惣大将や惣乙名などの首長層は，幕藩体制が構築した交易制度のなかで，アイヌ社会が担った役割によって存立したものである可能性が窺われた．これを裏づけるように，蝦夷地全域が幕府の直轄地となる江戸後期になると，そうした役割は棄却され，以降は川筋集団を超える実態的な社会政治的リーダーは姿を消すこととなる．具体的には，アイヌ社会は交易者の立場のみならず生産面でも主体性を剥奪され，ただ交易産品生産に従事する従属的な労働力の地位に押しとどめられた帰結として，生産現場である川筋集団の生活圏を超える社会組織を維持する必要性がなくなったと想定できる（図 5 右）．さらには，幕府の蝦夷地直轄化後は，アイヌ社会の直接支配のために会所が設置さ

れ幕府官吏の役人が常駐することになり，それが局外的存在でありながらも，当該社会にとって上位の政治機構の役割を果たすことになった結果，複数の川筋集団をまとめる惣乙名の社会政治的な存在意義を形骸化させた，との仮説を導くことも可能となる．

いずれにせよ，アイヌ社会は幕藩体制との交易を中心とする関係性によって階層化を実現し，たとえ非常態的であれ「首長制」にまで発展しうるような可能性を有した反面，それは最終的に自らの自立性・自律性を喪失し外部社会に従属する途に繋がるものでもあった．こうした発展と従属の二極の振り子は，結局のところアイヌ社会が，決して自給自足的な生業活動に閉ざされた「冷たい社会」などではなく，本州以南との交易によって得られる移入品なしには日常生活が成立も維持もしえない，汎東アジア世界に広がる資本主義の分業体制に組み込まれた「熱い社会」の一端だったからにほかならない（Onishi 2014: 290-291 頁）．また，そのような社会のあり方は，ひとりアイヌの人々にとどまらず，植民地主義と接続した東北アジアひいては北太平洋周辺地帯の狩猟採集民に共有されていた（佐々木 2002），と措定すべきであろう．それこそが，従来「閉ざされた社会」像として民族誌に描かれてきた，アイヌの人々を含む北方狩猟採集民の社会を形作った舞台裏にほかならない．

付記
　本稿は，東北大学東北アジア研究センター創設 20 周年記念企画国際シンポジウムと WAC（世界考古学会議）8 Kyoto での口頭発表にもとづくものであり，また国立民族学博物館刊行 Senri Ethnological Studies 所収予定の英文論考"Enforcement of Foraging Society on the Ainu: Rethinking Ethnographic Studies of Ainu Societies." を大幅に改変し執筆し直した内容となっている．なお本稿は，日本学術振興会科学研究費「文化資源としての景観を巡るポリティックス」（基盤研究（C）一般，代表：大西秀之）と「地域共有資源としてのアイヌ文化の歴史遺産」（基盤研究（C）一般，代表：大西秀之）の研究成果の一部である．

文献一覧
出利葉浩司
　2002「近世末期におけるアイヌの毛皮狩猟活動について」，佐々木史郎編『開かれた系としての狩猟採集社会』（国立民族学博物館）：97-163 頁．
遠藤匡俊
　1997『アイヌと狩猟採集社会：集団の流動性に関する地理学的研究』，東京：大明堂．
原田 典
　1994「明治前期の上川アイヌ」，旭川市史編集会議編『新旭川市史第一巻・通史一』（旭川市）：

735-777頁.
煎本 孝
    1987「沙流川流域アイヌに関する歴史的資料の文化人類学的分析：C. 1300-1867年」,『北方文化研究』(北海道大学文学部付属北方文化研究施設) 18: 1-218頁.
岩崎奈緒子
    1998『日本近世のアイヌ社会』, 東京：校倉書房.
泉 靖一
    1951「沙流アイヌの地縁集団におけるIWOR」,『民族学研究』(日本民族学会) 16 (3-4): 29-45頁.
海保嶺夫
    1974『日本北方史の論理』, 東京：雄山閣出版.
    1984『近世蝦夷地成立史の研究』, 東京：三一書房.
岸上伸啓
    2001「北米北方地域における先住民による諸資源の交易について：毛皮交易とその諸影響を中心に」,『国立民族学博物館研究報告』(国立民族学博物館) 25 (3): 293-354頁.
大井晴男
    1984「擦文文化といわゆる「アイヌ文化」の関係について」,『北方文化研究』(北海道大学文学部付属北方文化研究施設) 15: 1-201頁.
    1992「「シャクシャインの乱（寛文九年蝦夷の乱）」の再検討」,『北方文化研究』(北海道大学文学部付属北方文化研究施設) 21: 1-66頁.
大塚和義
    2011「『夷酋列像』から読む道東アイヌの経済的ポテンシャル」, 佐々木史郎・加藤雄三編『東アジアの民族的世界：境界地域における多文化的状況と相互認識』: 94-122頁, 東京：有志舎.
大西秀之
    2008「アイヌ社会における川筋集団の自律性」, 加藤雄三・大西秀之・佐々木史郎編『東アジア内海世界の交流史：周縁地域における社会制度の形成』: 237-261頁, 京都：人文書院.
    2014「植民地支配が迫った技術選択：バイダルカに刻まれた露米商会の経営」,『国際常民文化研究叢書：環太平洋における伝統的造船技術の比較研究』(神奈川大学常民文化研究機構) 5: 47-58頁.
佐々木史郎編
    2002『開かれた系としての狩猟採集社会』, 大阪：国立民族学博物館.
瀬川拓郎
    2005『アイヌ・エコシステムの考古学』, 札幌：北海道出版企画センター.
関根達人
    2014『中近世の蝦夷地と北方交易：アイヌ文化と内国化』, 東京：吉川弘文館.
高倉新一郎
    1966『アイヌ研究』, 札幌：北海道大学生活協同組合.
高倉浩樹
    2006「18-19世紀の北太平洋世界における樺太先住民交易とアイヌ」, 菊地勇夫・真栄平房昭編『列島史の南と北』: 164-189, 東京：吉川弘文館.
手塚 薫
    2011『アイヌの民族考古学』, 東京：同成社.
渡辺 仁
    1977「アイヌの生態系」, 渡辺 仁編『生態』(人類学講座12): 387-405頁, 東京：雄山閣.
    1990『縄文式階層化社会』, 東京：雄山閣出版.

Fukasawa, Y.
    1998 *Ainu Archaeology as Ethnohistory.* Oxford: British Archaeological Reports.

Lee, Richard B. and DeVore, Irven (eds.)
    1968 *Man the hunter.* New Jersey: Transaction Publishers.

Onishi, Hideyuki
    2014 The Formation of the Ainu Cultural Landscape: Landscape Shift in a Hunter-Gatherer Society in the Northern Part of the Japanese Archipelago. *Journal of World Prehistory*, (Springer) 27(3-4): pp.277-293.

Sahlins, Marshall D.
    1958 *The Social Stratification of Polynesia.* Seattle: University of Washington Press.
    1964 *Culture and Environment:* The Study of Cultural Ecology. Washington, D.C.: Voice of America.

Service, Elman R.
    1962 *Primitive Social Organization: an evolutionary perspective.* New York: Random House.

Walker, Brett T.
    2001 *The Conquest of Ainu Lands: Ecology and Culture in Japanese Expansion*, 15590-1800. Berkeley: University of California Press.

Watanabe, Hitoshi.
    1972 *The Ainu Ecosystem.* Seattle: University of Washington Press
    1983 Occupational Differentiation and Social Stratification: The Case of Northern Pacific Maritime Food-Gatherers. *Current Anthropology,* (University of Chicago Press) 24(2): pp. 217-219.

Wilmsen, Edwin N. and Denbow, James R.
    1990 Paradigmatic History of San-Speaking Peoples and Current Attempts at Revision. *Current Anthropology*, (University of Chicago Press) 31: pp.489-524.

# 第3章　永久凍土と人類文化の相互作用

東シベリアの森林地帯における
動的自然・ミクロ環境・進化をめぐる考察

高倉 浩樹
Takakura, Hiroki

## 1　はじめに：気候変動と適応

　近年の気候変動研究の成果が人類学に示唆することは，自然環境がいかに脆弱で敏感に反応する存在かということである．人間が暮らす環境における自然は動いているのである．このことは，従来的な意味での人文社会科学者の前提に修正を迫る．というのもこれまでは，文化と社会こそが動くものであり，自然は背景としてあくまで安定したものと考えるのが常だったからだ．長期の時代を扱う考古学を除けば，多くの人文社会科学では研究対象となった社会の自然環境は通常記述されないし，民族誌の場合であっても住民の暮らす自然環境は要約的な形で記述される程度であったからである．人類学者は，歴史的にも当然と見なしている自然環境がいかにたやすく変化するものであるかを真剣に認識すべきであり，そのような観点からヒトと環境の関係を考える必要がある．

　本稿は，このことを環境への適応文化史という領域の中で考えようとするものである．従来の生態人類学研究のなかでは，所与の集団がいかに身の回りの自然環境を利用して食料を確保・生産しているのか，その技術的あるいは社会組織の様態や人口規模についての研究が行われてきた．その場合，住民による精緻な環境認識やその在来知などが記述されるとともに，食料を確保する上での適応的な集団編成原理やそこに見られる社会倫理などが解明されてきた．それ自体は重要な知見であるが，そこで自然は人間側が一方的に利用し，象徴的に操作する素材であった．そのために，自然が変化するときに，適応はどのように変化するかと

いう問題意識は，ごく一部の例外を除けば（伊谷 1982 など），希薄であった．

確かに，たとえば日本人と稲作文化といった古典的主題にみられるように，生業文化は集団の民族的アイデンティティと結びついていることも多い．この点からすれば，人類集団が所与の自然をどう象徴化しているかを解明することは人類文化，本稿の文脈では環境への文化的適応の多様性がどのような形となっているかを説明することである．一方，自然と文化双方の応答変化を理解することは，そもそもその文化的適応の多様性がなぜ出現したのか，あるいはどのような条件で成立しているのかを理解することに連なるのである．この点で人類の環境適応史を考えるときに，自然側の変化に応答する社会・文化面の理解はきわめて重要だと思うのである．

ただ人類学の分野で，自然の変化に応じた適応の変化という事象を実証的に記述分析するのは意外と難しい．というのも自然の変化が見える形で現れるのは自然災害や環境破壊などの非常時だからである．フィールドワークで共時的研究をする場合，事態に応答する人々の行為や社会の仕組みの変化を記述しながら，そこで文化がどのような役割を果たしているか考察はできる．しかし災害以前の適応がどのように変化したのかを把握するには，多くの事例と長期的観察が必要となってくる．この点で筆者が提案したいのは，進化論的視点を踏まえることである．ここでいう進化とは，生物人類学の馬場が指摘するように，進歩の意味はなく，目に見えないほどゆっくり変わっていく過程のことである（ウッド 2014: 31 頁）．環境への文化的適応とは生物としての人間の社会組織が生存するための食料確保および生産，つまり生業のことである．生業が成立する条件をその自然環境の諸条件つまり地形・土壌・水循環・生態系と集団の歴史文化的特徴の関係性によって理解する一方で，それらの自然条件や文化的特徴の歴史や経緯を勘案することで，適応の起源と現在までの経緯を理論的に理解することを試みたい．

環境との適応にかかわる文化的行動を，進化論的な視点で解明することは，日本の人類学のなかでは従来ほとんど行われてこなかった．それゆえ適応の多様性を共時的に説明することはできても，通時的な視点で理論的に説明することはされてこなかった．ここでいう通時的な視点による理論とは，適応の変化を実態に即してだけでなく，シナリオ的に提示したり，変化の可変性を論じることである．ある適応が成立するためのさまざまな条件の関係性を明確にすれば，そのうちの

一つが変わった時に，どのような影響をもたらすのか推論することができるからである．本稿で行うとするのはそうした問題意識にもとづく考察である．とくにシベリアという極寒の環境を題材として，その自然史的変化を追いながら人類集団の適応のメカニズムを検討してみたい．

## 2 地球温暖化と地域社会の適応

　なぜ筆者が前節で述べたような問題意識をもったのか，その背後にある近年の地球温暖化にもとづく自然科学の研究成果について紹介したい．筆者は東シベリアのサハ人の牧畜と狩猟にかかわる伝統文化を研究してきた（高倉 2012）．彼らは，トルコ系言語の民族集団であり，シベリア原住の集団にあっては，モンゴル・中央アジア的牧畜文化を有する民族として知られている．民族起源論的には元々はバイカル湖周辺のステップでヒツジ・ヤギ・ウシ・ウマ・ラクダの牧畜民だったのが，10世紀以降レナ川沿いに民族移動を始めた人々である．北上の過程で寒冷環境ゆえに，ウシとウマだけが残り，その牧畜を基軸としながら狩猟や漁労の複合をするという生業文化が形成された．周囲の先住民がトナカイ牧畜を基軸とし，狩猟・漁労を組み合わせるのと比べると例外的な生業だといってよい．とくにウシは越冬のため干し草が必要であり，定住的な文化を形成してきたからである．その文化を支えてきたのは，その自然環境である．

　その特徴は，カラマツや白樺によって構成される森林であること，またサハ人の暮らす地域はアラースと呼ばれるサーモカルスト地形だということである．これは永久凍土の上に発達した森林にあって，何らかの理由で部分的に木々が伐採されると，その部分について太陽放射熱が地面に多く届くようになり，その結果，永久凍土のなかの水が地上に蒸散し，それを引き金に土壌が陥没し，一部の水は陥没地帯の中の湖沼となって残ることで形成される地形である．陥没部分は草地であり，サハ人の牧畜文化の維持にはこの草地を利用がきわめて重要である．この意味では永久凍土の上の森林と陥没した草地アラースは，サハ文化を支える環境の本質といってよい．人類学者にとっては，この自然環境はデフォルトであり，文化の起源や変化を考えることはあっても，その自然環境に起源があるのか，あるいは変化していくなどとは想像すらしなかったのである．

しかし，現在の気候変動とくに温暖化をめぐる議論からいえるのは，東シベリアの森林と永久凍土，アラースは気候変動に対して脆弱であることだ．気候の変化に応答するようにその生態系や土壌は変質していくのである．たとえばモデル研究からは次のような示唆がある．気温の上昇が2度以上になると，現在東シベリアに優先的な種であるカラマツ群は枯死し，それに変わってマツやその外の亜北方森林種が広範囲にわたって生息することになる．森林と永久凍土は部分的に破壊され，全体としてバイオマスは減少する (Zhang et al. 2011)．

　観測研究からは次のような指摘がある．北極の気候変動の既往研究は，頻繁な干魃と森林火災が，否定的な影響をアラスカの永久凍土および北方林に与えていることを指摘してきた．しかしこれとは対照的に東シベリアにおける気候変動はむしろ降水量の増加と土壌水分蒸散増加による湿潤化という現象が起きている．このことは永久凍土の地表近くにある活動層つまり夏になると融解する層の拡大＝深化を引き起こし，永久凍土の浸食を起こしているからである．その結果，サーモカルスト現象を強化しアラース化が進むとともに，カラマツ群落の枯死が生じている (Iijima et al. 2014)．同様な見解は，ロシアの研究者からも指摘されている．それによれば，この20年という短い期間においてアラース景観が変化していることが観測されており，それは牧草地への打撃となっている．あるアラース景観のなかの湖沼は33.7$m^2$だったのが，3,508$m^2$と百倍近く拡張している．この拡大の原因は凍っていた土壌水分の融解が地表面に出現したことであり，その結果，かつては大地を支えた氷がなくなったことによって土壌崩落が発生している (Fedorov et al. 2013，檜山 2012)．

　生態系と土壌はこのように気象条件によってドラスティックに変動するということを理解することが肝要である．近年のシベリアを含む北極気候変動の研究からわかるのは，局所的な環境の形成が自然史の偶然性のなかで形成され，それは気象条件に敏感に応答する脆弱な性質をもっているということである．少なくとも気候変動がおこることで，本章で焦点をあてているレナ川中流域のアラースと北方林の環境は急激に変化してしまう．それは同時に今後の未来においてそうした劇的変化の可能性が常に存在していることを示唆している．このような知見は自然科学者だけが必要なものなのではない．むしろ人類の生態適応を考える際に，人類学者にとって必須の視点であることを主張したいのだ．気候変動が社会にい

かなる影響を及ぼすかという視座において，動的な物質循環のなかで生態系のバランスが存立しており，そのなかにヒトの社会は埋め込まれていることを認識することが重要なのである．

　なお，サハ人の生態環境で重要なのはアラース以外には，河岸段丘である．これはとくにレナ川沿いに発達しており，数十 km にも及ぶような広大は氾濫原を形成し，アラースと同様に草資源を提供する．このうち河岸段丘における牧草地の持続的利用には，レナ川のアイスジャム洪水という攪乱が重要な役割を果たしていることがわかっている．その結果，地域住民は春の融雪融氷洪水を在来知として認識し生業活動に役立てている（高倉 2013）．近年の温暖化は，この地域において春から夏の降水量の増加をもたらしており，段丘の牧草生産量が減少した．そのことは従来，地域の資源で持続されてきた牧畜生産に危機をもたらしている（Crate et al. 2014, Takakura 2016）．

　こうしてみると，南部のステップ地帯から北上したサハ人の生業文化が少なくとも文献上，16 世紀から 21 世紀にわたって比較的安定して維持されてきたのは，あくまで気候が安定していたことの表れなのである．それは人間の文化と環境条件の幸運な出会いであって，この偶然性こそ，サハ人の極北における牧畜を支えてきたと強調したいのである．ロシアの民族学研究からはサハ人の生業の新たなる適応についての歴史研究が存在している．17 世紀のロシアの植民地化を避けてさらに北上したサハ人の複数の集団がいたことが知られている．このうち，より高緯度のツンドラでも牛馬牧畜を維持した集団もいた．しかしレナ川の北西からオレニョク川流域に移動した集団のなかでは，牛馬飼育を維持できなくなり，周囲のエヴェンキ人の生業を取り入れトナカイ牧畜を行う集団が現れた（Gurvich 1977）．

　近未来という短期の時間において環境条件が劇的に変化しうるとすれば，生業文化もそれに何らかの形で呼応することは明らかであろう．人類集団の生業文化は，環境条件に完全に支配されているわけではないが，その応答には限界がある．現代の自然環境がこのように脆弱で変化しやすいものであるとすれば，過去はどうだったのか？より長期的な視点でこのことを考えてみたい．少なくともサハ人が現在のレナ川中流域に暮らし始め，極寒地での牛馬牧畜複合という独自の生態適応が形成されることが文献で裏付けられる 16 世紀から 21 世紀の 500 年を念頭

におきながら，その自然環境が形成される起源である完新世初期つまり約10,000万年前にさかのぼって検討する．これを通して人類学は環境をどう認識すべきなのか考えてみたい．少なくとも，安定した背景としての自然環境という観点から，予定調和的に自然と文化の相互関係を考えるという視点を批判的に考察するというのが出発点である．

## 3 シベリアへの環境適応

**ステップ起源の牛馬牧畜複合**

　シベリア人類学の重要な課題の一つは，厳寒という環境のなかでこの地域に暮らす人びととはどのような生態適応をしてきたのか，その文化史と現代における社会過程を探究することである．ソ連時代，ロシアの研究者たちは伝統的な先住民の経済類型を明らかにするかたちでこの課題に独自の解答を出そうとしてきた．一方，ソ連崩壊後にシベリアでの現地調査を始めた東アジアと西欧の人類学者たちは，歴史的な背景を押さえながらも，現代における諸問題に焦点を当ててきた．具体的には，社会主義体制崩壊と市場経済導入，さらに近年の気候変動という諸条件における生業的適応がいかなる変化を遂げてきているのかという課題である．ここにみられるように「生業」はシベリアを調査する人類学者にとって魅力的な研究課題である．というのもそれは，文化のレジリアンスがいかに作用するのかという問題をフィールドで直視しながら，文化史・現代的過程いずれの問いであってもその解明にとりくむことができるからである．このなかで多くの注意は狩猟採集民およびトナカイ放牧民にかかわるものであった．この生業はトナカイ牧畜の起源が紀元後一千年紀にさかのぼるとされている．一方で，北緯50度以北で寒冷適応を始めたホモ・サピエンスは3万年から1.5年万年前には全シベリア領域に拡散していたことが考古学や自然人類学の成果から分かっている（海部 2005）．とすれば，シベリア地域での狩猟採集はそれ以来継続しているとみなすことができる．もちろん3万年前と現代の狩猟採集を同じと主張するつもりはないが，野生の動植物の直接的利用という点では共通している．留意したいのは，この生業様式で生活する言語的・民族的集団は20世紀初頭の人類学研究からは数十にも及ぶ多数の集団であったが，その人口は数千から数万人とおおむね小規

模であったことだ．

　このなかで例外的な存在は東シベリアのサハ人であった．彼らは 20 世紀初頭でも 20 万人程の人口をもつ社会を構成し，その伝統的生業は牛馬牧畜だったからである．先にも述べたように彼らは 10 〜 13 世紀頃，「南の」ステップから移住してきたという民族史の系譜をもっている（高倉 2012）．この点からこれまでの研究は，シベリアの環境にあってもステップ型牧畜を維持できたのは，歴史的文化のもつ力だと考えてきた．いわゆるステップのモンゴル・中央アジア的牧畜は，シベリアや極北の狩猟採集民やトナカイ牧畜社会よりも発展したという理解である（Tokarev and Gurvich 1961）．実際にシベリア北方の狩猟採集（漁撈）とトナカイ牧畜民はソ連時代には「北方少数民族」として一括され，サハ人や南シベリアのモンゴル・トルコ系民族は（名目的ではあれ）より高度な民族自治の付与対象になるなど，民族政策上も別の範疇とされており，これらを一元的に議論することは行われてこなかったのである（Slezkin 1994）．また狩猟採集やトナカイ放牧と牛馬牧畜を並べて環境適応という観点で検討されることはなかった．

　本稿では人類の環境適応という観点から両者を総合的に扱うアプローチをとる．そして，サハ人の生業適応の確立において重要な鍵をにぎるローカルな環境である永久凍土とアラースと呼ばれる生態と地形の役割についての知見を考慮する．森林と永久凍土の複合は，全地球的にみても，東シベリアにおいて例外的に発達し，緯度的にも広範囲にわたって広がっている．この現象は，現在の気候―物理的メカニズムよりも自然史における古環境によって説明が可能である．私はサハ人の生業経済の事例を用いて，長期にわたるヒトと環境の相互作用を検討し，そこから「動く自然」という観点での歴史環境可能論を再考したい．それは人類史における生態適応における文化的多様性がなぜ生じるかを進化論的に問うことである．

## 環境決定論的視座

　北方世界の人類の適応性について一般的な知識として確認したいのは，狩猟採集とトナカイ牧畜がシベリア先住民の典型的な適応だとされてきた研究史である．ソ連時代のロシアの研究者はそれを経済文化類型論としてまとめている．

1950年代とやや古い研究ではあるが，現在に連なるシベリア先住民の生態適応の全体像は，以下のように記されている．(1) 森林の狩猟および漁撈，(2) 極北海獣狩猟，(3) 大河川での漁撈，(4) 森林の狩猟とトナカイ放牧，(5) ツンドラのトナカイ放牧，(6) ステップの家畜放牧（Levin and Cheboksarov 1955, Levin 1958, 高倉 2008）．

この類型は環境決定論的な考えに基づいて導かれたものである．環境決定論とは自然生態系が人の文化や社会に決定的な影響を及ぼすという考えである．上記の類型では，自然環境としてのツンドラ，森林，海岸部，河川流域が設定され，生態系が異なれば異なる食料資源が存在し，それが生業適応形成の基盤となると考えられているからだ．例外はトナカイ放牧である．なぜなら森林のなかの適応として (1) 狩猟と漁撈ないし，(4) 森林の狩猟とトナカイ放牧が想定されているからだ．しかしここで想定されているトナカイ放牧は，役獣飼育による狩猟の効率化という点であり，森林が狩猟ないし漁撈資源を確保する空間であることは変わっていない．さらにトナカイ放牧はツンドラ空間でも行われている．ただしこのトナカイ放牧は，役獣飼育だけでなく，肉畜飼育も含み，いわば生産として牧畜となっていることを意味している．ただ，乾燥地帯で見られる乳製品をえるための牧畜ではなく，肉を資源としている．この意味では高緯度の寒冷地帯で人類が生存するのに必要な高タンパク質を確保するという戦略が野生の動物から家畜の動物に変化し，いわば効率化が高まったとみなすことができる．つまり，ツンドラ・森林・海岸・河川流域はいずれも動物性タンパク質に依存する適応であるということだ．これに対しステップの家畜放牧は，その生態系である草原に依存し，乳や肉に依存する適応である．それゆえに，環境決定論的な視座でまとめられていると指摘することが可能である．

表1は経済文化類型ごとと，これに該当する主な民族集団の20世紀初頭における人口を表したものである．残念ながら厳密には正確なものではない．というのもたとえばツンドラのトナカイ放牧に入っているチュクチ人のなかには，類型上は極北海獣狩猟に含めるべき海岸チュクチという地域集団も含まれている．歴史的なある時点での経済類型ごとの人口を正確に把握するのは難しい．ただ，これをみれば大まかな傾向を指摘することは可能である．(1) から (3) の狩猟漁撈の民族の人口は数百から数千と極小であるのに対し，若干例外はあるが (4)

表1　20世紀初頭の先住民人口と経済文化類型

|  | 民族集団 | 人口（1926） |
|---|---|---|
| (1) 森林の狩猟および漁撈 | ユカギール | 443 |
|  | ウデヘ | 1,357 |
| (2) 極北海獣狩猟 | エスキモー | 1,293 |
|  | アリュート | 3,534 |
| (3) 大河川での漁撈 | ニヴフ | 4,076 |
|  | イテリメン | 859 |
| (4) タイガの狩猟トナカイ放牧 | エヴェンキ | 38,805 |
|  | エヴェン | 2,044 |
| (5) ツンドラのトナカイ放牧 | チュクチ | 12,332 |
|  | ネネツ | 16,217 |
| (6) ステップの家畜放牧 | サハ | 235,926 |
|  | ブリヤート | 220,000 |

出典：Vakhtin 1994, Levin and Potapov 1964.

と(5)のトナカイ放牧を行う集団は一万人強から数万人となり，(6)のステップの家畜放牧となると数十万人規模の社会となっていることである．このうち，ブリヤートはバイカル湖周辺のステップに暮らす民族であるが，サハ人は20世紀初頭の時点で，他のシベリア先住民と同様に東シベリアのタイガを中心に分布している．とするならば，サハ人は民族起源的にはステップであるが，現実には森林適応の文脈で考える必要がある．

　彼らの人口は21世紀初頭の現在では40万人超となっている．もちろん20世紀の100年での人口増加は国家による政策的な影響を無視できない．しかし，本格的な社会政策が開始される20世紀初頭の段階ですら，タイガへの適応のなかでサハ人は数十万人規模の社会を形成し，それは他の隣接集団が数百から数万人規模であるのとは大きく異なっている．人口規模＝個体群の大きさという点は，環境適応の成否にとって重要な指標である．筆者が問題にするのは，シベリアの森林地帯におけるサハ人の牛馬飼育という適応はどのように説明できるかということである．なぜ彼らの適応は故地とは異なる環境で成功したのか，さらにその成功は人類の適応性にかかわる歴史のなかでどのような意味をもっているのかということである．

## 4　森林土壌を支えるアラースの形成史

### タイガにおける二種類の森林

　多くの人文社会科学者にとって，シベリアの自然は，ツンドラ，タイガ，ステップである．これに加えて山岳地帯があるというぐらいにすぎない．気候変動研究における自然科学者との協働からいえるのは，こうした生態系の区分以上に，自然は多様性でかつ動態的なものであることを認識する必要があることだ．焦点を当てたいのは，東シベリアの永久凍土に対する気候変動科学である．そこでは東シベリアに広がる北方の森林がいかに変わりやすい性質をもっているのか，あるいは脆弱なのかが示されている．

　生態学的知見では，シベリアの森林は地域的に二つに区分できる．西シベリアにおける暗く常緑的な針葉樹，具体的にはトウヒやモミが優先的な森林と，これに対し東シベリアは明るく落葉性の針葉樹であり，ダウリアカラマツや白樺が卓越する森である．気候の分類からすればシベリアはいずれも寒帯である．この植生の相違が現れるのは，土壌構成の違いに由来する．東側は北極海沿岸からバイカル湖にいたる広範囲にわたって永久凍土が見られるのに対し，西側は永久凍土が北緯 70 度付近のみに発達しているものの，それ以南は連続的永久凍土がない状態なのである（図 1）．

　森林の形成には一般的な条件がある．それは暖かい時期における年間降水量が 300mm 以上の土地ということである．西シベリアの年間降水量は 400〜500mm であり，日本の降水量が年間 1,500mm ほどであるのと比べると少ないが，この量は森林形成に十分な量である．一方，東シベリアのほうはきわめて乾燥している．年間降水量は 200〜300mm ほどでしかない．この値はステップ気候つまりモンゴルなどの降水量と同じである．たとえば，2009 年の東シベリアのヤクーツク市の降水量は 236.9mm であるが，一方モンゴル国のウランバートルは 217mm である．つまり降水量だけという観点からみれば，東シベリアに森林が形成するのは異常ということになる（福田 1996）．

　なぜ東シベリアに森林がひろがっているのだろうか．その答えは，永久凍土にある．永久凍土とは地中に氷となって水が蓄えられた状態が一年を通して継続する状態である．しかし 3 カ月ほど続く夏の間，地表面に近い土壌は太陽熱によっ

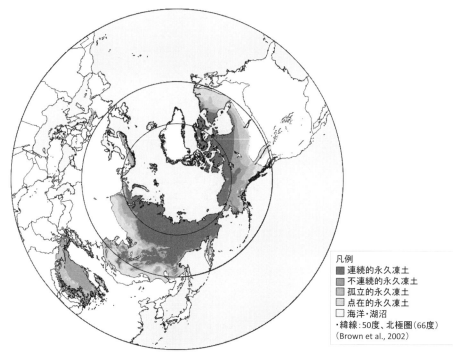

図1　北半球における永久凍土の分布図
作成：飯島慈裕・三重大学.

て融解する．この融解した層を活動層という．活動層の融解水が供給する水分が森林形成を可能にしたのだった（酒井 1974）．森林形成は，過去に蓄えられた物質循環の遺産によっても可能になるという点に留意しておきたい．それではなぜこの東シベリアの森林にダウリアカラマツが卓越しているのだろうか．その理由は，環境に対する植物の進化によって説明できる．ダウリアカラマツは寒冷にきわめて強く零下 70 度まで耐えうることができるという．そして乾燥度への耐性は，秋に落葉した葉の塊が覆いとなって，土壌からの蒸散をふせぎ湿気を保つ働きをしているのだという（酒井・斎藤 1974: 252 頁）．

　近年の自然科学的調査研究からは以下のようなことがわかっている．夏の永久凍土の融解期には，カラマツの根は単に地表に近い活動層からだけではなく，地中の深い層からも根茎を通して水分を得ているという．それは降水量の違いに応

答するように，この植物は，地表近い活動層と地中の凍土の水分を使うというのである．永久凍土は地域生態系の水収支（降水（雪）したり蒸発散したりする総量）に影響を及ぼす存在なのだ．そして 2004 年から活動層の厚さは毎年深くなっていることが観察されている．それは地表面の土壌の湿気の構成に，より深い層の水分が混じりつつある状態を意味している（Ohta et al. 2008）．

## アラースについて

永久凍土の地面上に形成される特徴的な地形としてアラース（アラス）と呼ばれるものがある．北方森林帯のなかに，皿状に陥没した点のようなかたち草原が広がっており，通常そのなかには湖沼が存在する（写真 1）．窪地の直径は 15km から 50km と大きさはさまざまである．また陥没の深さも数 m から数十 m とさまざまである．ロシア連邦サハ共和国の首都ヤクーツク市の近辺を流れるレナ川流域にとくに発達しており，上空から見ると，樹木による緑の絨毯に無数の穴があくような形で展開する地形である（酒井・木下 1974: 119, 121 頁）．おおよそ 1.6 万個ほどのアラースが存在するという（Bosikov 1991）．この地形ができるのは，永久凍土のなかの水が融解し地表面にでるためである．氷が支えた部分が陥没し，それに応じて樹木が倒れ，蒸発散しきれない水は湖沼となって陥没した地表面に残るという過程を経て形成される．

写真 1　レナ川中流域における森林とアラース

このアラースの形成には過去の気候変動が寄与している．中央ヤクーチアのアラースの発達は，およそ 1 万年前の完新世初期に遡るという．かつてマンモスステップと呼ばれる草地景観が卓越していた地域は，後期氷河時代以降，カラマツとマツが優先的な森林生態系とかわったのである．それが氷河時代の後期に発生した全球レベルでの温暖化によって，永久凍土が融け始めたのである．その結果生じた高い湿度と土壌からの排水がうまく行かずに，現在のようなアラースの地形が生じた（齋藤 1985，Katamura et al. 2009）．

## 5　動く自然と人類集団の応答

### 永久凍土発達の理由と草地の資源化

永久凍土が発達しているのはユーラシア大陸およびアメリカ大陸の高緯度地帯である．しかし，北米大陸とユーラシア西部において永久凍土は北極海沿岸部周辺と限られている．これに対して，東シベリアの永久凍土は緯度的には幅広く広がっており，南限はバイカル湖周辺にまで及んでいる．永久凍土の地理的な拡張の理由は，過去の気候と環境条件の結果にあるのだが，それはきわめて興味深い．最終氷期に北西ヨーロッパと西シベリアにはスカンジナビア氷床が発達し，その地表を氷が覆った．しかし周囲の山地発達により東シベリアまでは氷床が及ばなかった．それゆえに，地表面を通して寒気は地中に及びその土壌水分を凍らし，永久凍土を形成したのである．いわば，氷床は断熱材の働きをし，大気中に寒気を遮断したのである（福田 1996: 7 頁，福田 1999: 176 頁）．自然史におけるこの偶然の事象が，アラース景観形成の原因である．そしてこのアラースが森林のなかに発達することで，牧畜適応において根源的な条件である草地＝牧草地をつくりだしたのである．

シベリアに人類が本格的に進出するようになったのは 3 万年程前にさかのぼる．そしてアラースが形成されたのは約 1 万年前である．この間，シベリアに暮らしてきた人類集団は，この草地を資源とする適応は生み出さなかった．住民の食糧資源は狩猟による動物であり，漁労による魚類であった．紀元一千年紀にトナカイ牧畜が成立するが，ツンドラであれタイガであれ，その主要な目的は役畜飼育のための牧畜であり，森林の草地であるアラースを積極的に利用してはいな

かった．なお，肉畜生産を目的とする大規模トナカイ牧畜が発生するのは18世紀のツンドラであり，アラースは無関係である．アラースの草地を牧草地・採草地という資源として認識し，そこに生業適応を行ったのは，唯一サハ人だけであった．アラースこそ，東シベリアに暮らすサハ人の伝統的生業である牛馬牧畜の適応において最も意味ある生態系なのである

　口頭伝承研究や考古学的分析によれば，10世紀から13世紀にかけてサハ人はバイカル湖地域からレナ川に沿って北上したことがわかっている．故地においてはモンゴル・中央アジア的な五畜の牧畜適応を実践してきた．北上した彼らがたどり着いたのは，レナ川中流域の河岸段丘だった．彼らの民族伝承のなかでも，レナ川中流域の現在のヤクーツク市のなかにあるサイサリの地を起点として，さらに内陸部に進出していったことがうかがえる．その領域は東シベリア全体に広がったといってもよい．この拡散において重要だったのは，アラースとそしてレナ川を北上する際に最初に定住した河岸段丘である．現在ですらサハ人の間では，出身地域を示す言葉としては，段丘出身者(khocho oggoto)とアラース出身者(alaas oggoto)という概念がある．これはその適応の初段階において重要だった生態系が住民の環境認識概念に取り込まれたことを意味している（高倉2015）．

　永久凍土上の森林のなかのアラースは草地で通常そのなかには湖がある．サハ人はこの草地を牛馬の牧草地・採草地として利用し，湖沼では漁労を行い，アラースの外に広がる森のなかで狩猟するという生業適応をしてきた．漁労と狩猟はシベリアの環境が供与する食料であり，これを他のシベリア先住民と同様に資源化する適応を行い，生業複合を形成した．この点でサハ人の生業は南方起源の歴史文化的文脈と，寒冷地での食料となる動物の生息を資源化する適応の二つが混じり合ったものなのである．

　こうした生業複合となったサハ人社会は人口の規模でも隣接する集団を圧倒した．彼らには独自の文字文化が生まれなかったのでその人口が何人だったのかはわからないが，少なくとも20世紀初頭ではシベリア先住民のなかでは最も人口の多い民族集団であった．また言語学的にはツングース系や古アジア系の集団と接触するなかで，彼らの言語がサハ語に変わっていったことも知られている（高倉2012）．これらを勘案すると，「南方」起源のサハ人の適応の成功は，森林のなかに点在するアラースの草原生態系が鍵となったということができる．

もしサハ人の民族移動が北西であったなら，現在みられるような牧畜適応は形成されなかった可能性が高い．この意味で彼らの生業は，地域の自然史の賜なのである．さらに遡れば，東シベリアの森林地帯に形成されたアラースの起源は氷河時代の氷床の有無という偶然性によって依存していた．氷床の形成は地球物理つまり地形（造山運動）と気象の組み合わせで生じることであり，条件次第では変わりうるものだった．もし西シベリアのように，氷床が発達していれば，バイカル湖付近まで永久凍土が発達することはなかった．そしてその条件のなかで，現在のような降水量であれば，森林が発達することはなく，ステップ景観が広範囲に広がっていたはずである．

## 6　歴史可能主義的視座からの考察

以上，サハ人の生業適応と自然史との関係を，短期的視座と長期的視座で検討してきた．これをより理論的に考えるために，歴史可能主義の観点をもちいて検討したい．歴史可能主義とは反環境決定論的な考え方の一つである．

現在の社会科学における反環境決定論として主流なのはマルサス主義的な思考である．それはあらゆる集団は食料が十分であれば幾何級数的に人口が増える．しかし農業による食糧生産は算術級数的にしか増加せず人口増大に及ばない．それゆえに人口を統御する病気や戦争，飢餓などが起こることで資源の圧力を減少させる．ここで環境は人類社会の制約的要素として捉えられているが，むしろ社会の過程は，あくまで病気や戦争などを含む人間側の行為によって決定されるという考えである（Moran 2000: 37 頁）．この考え方では，環境は背景あるいは，人が一方的に利用・操作可能な資源を作り出す物理的空間としてしか認識されていない．言い換えれば，環境の認識は資源があるかどうかであり，その資源がどのような文化を創り出すかという視点は欠如している．この点でマルサス的視点では人類の生態適応の文化的多様性を説明することはできない．

そこで環境決定論に戻って考えてみよう．環境決定論にしたがえば文化は環境への応答としてとらえられる．この視座からは，地理学的相違は文化的多様性を生み出すという考えが生まれてくる．しかしこれでは，なぜ同じような地理的環境のなかで異なる生業適応を形成する集団が同時に存在するのか，その文化的多

様性を説明することはできない．そこで登場したのが，歴史可能主義の考え方である（本書，大西論文での「環境可能論」も参考）．これによれば，自然は人類の可能性を規定するが，実際にどのような可能性が選び取られたかを説明するのは，歴史的要素と文化的要素である，とする理論である．この着想は，アメリカ人類学の父フランツ・ボアズによって提示されたものである（Moran 2000: 39 頁）．環境の多様性を考慮しつつ，かつ文化的多様性を説明できるのが歴史可能主義的視点なのである．

こうした観点から人類の極北適応文化がどのようにとらえられるか，みてみよう．極北環境の特徴は，極寒，陸域生態系における低生物生産，季節によって変動するが白夜と極夜に象徴される日照時間の長さと短さ，雪氷環境での労働における危険性である．たとえば陸域の低生物生産の環境であるために，イヌイット社会は沿岸資源の利用を行うのである．イヌイットは内陸部の狩猟者であると同時に沿岸狩猟者として適応している．その生活様式は，内陸と沿岸部いずれかの資源への生態的順応の結果としてみることができる（Moran 2000: 113-116 頁）．同様のことは，東北シベリアのチュクチ人などに代表される先住民文化にあっても同様である．彼らの生業複合の特徴は，内陸のトナカイ放牧と沿岸狩猟・漁撈を両極におく連続体が生業複合にある．それぞれ地域的に分布する集団は，気候や社会的事件などさまざまな要因で，その組み合わせの比率を変えるという理解である（Krupnik 1988）．定住的な生活のもとでの沿岸資源適応と遊動的な内陸資源適応という二つの極は，極北の適応を考える上での基盤となる考え方である（大林 1991）．

歴史可能主義の観点から上記を説明してみよう．極北のバイオマスの特徴は内陸の狩猟あるいはトナカイ放牧──なお先にも示したようにトナカイ放牧は乳利用ではなく肉利用の牧畜である──と沿岸の狩猟および漁労という可能性を提示している．生物としての人類の適応にとって何が資源になるかということの根幹は，所与の環境から得られる直接の食料が何であるかということに依存する．

マクロ環境は植生と動物相の生息条件を規定する．そしてそれは生業文化のための主要な資源となるものである．たとえば，最初のシベリアの人類集団はバイカル湖付近に約 3 万年前に進出するが，彼らは狩猟採集民であった．その当時，人類の歴史にあっては植物や動物の家畜化は生じていなかった．このような条件

のなかで，シベリアに各地域の分散する人類集団は環境の提供する資源の条件に応じた独自の適応を発達させた．それが内陸部と沿岸部の間にみられる狩猟漁労の適応連続体だったのである．そこでどのような生業複合が形成されるのかは，集団の歴史的過程や文化伝統によって選び取られたと考える．その結果が，冒頭の二節で紹介したシベリアの経済文化類型ということになる．

　ただしこの場合，考慮されている自然環境はマクロな理解であり，また変化しないという前提になっている．しかし，これまでみてきたように，極寒のシベリアの環境は長期的観点，短期的観点いずれにおいても大きなダイナミズムを備え変化している．そのことを視野にいれて，サハ人の牛馬牧畜を対象に，歴史可能主義的視座にもとづく考察を加えてみよう．そもそもの出発点は，環境をスケールのレベルで大小と認識し区別することである．自然科学者の研究から学んだように東シベリアでは完新世初期つまり約1万年前から北方森林帯のなかに巨大なサーモカルスト化が進行しており，その結果としてアラース地形と草原と湖沼という生態系が森林内部に広がっていた．このミクロ環境は草原という生態系を作り出し，その草原から干し草が生産可能であり，さらに湖沼では漁労が可能という条件を生み出した．これをシベリア全体でみてしまうとそうした環境状況はみえてこない．ミクロな視点で東シベリアを，さらに細かく言えば，レナ川中流域に標準を合わせたときに，その自然環境が提供する牧草資源が存在しているということである．

　興味深いのは，この資源の特性を認識しこれを積極的に利用する人類集団は当初シベリアには現れなかったことである．人類の文化史ではBC7,000～6,000年前には中近東でヒツジやヤギ・ウシの家畜化が行われ，その後に乳牧畜生業が成立する．その影響によってかそれとも地域独自に家畜化が進んだかは議論があるが，トナカイの家畜化は紀元一千年紀に南シベリアで発生し，ほどなく役畜飼養中心の牧畜生業が成立した（Vainstein 1980）．トナカイ牧畜の文化はその後，多くのシベリアの諸民族のなかに取り入れられていった．理論的には，トナカイ飼育の牧草地として，このアラースは有益だったことは間違いない．しかし歴史文化的な資料からはトナカイ牧畜民は，ツンドラにしろ，森林にしろ，陸域の狩猟を効率化するための牧畜として進化してきたのであった．すでに述べたように18世紀にはツンドラで肉畜を確保するための大規模飼育が始まる．その意味で

は，大量の干し草が入手可能なアラースを利用して，肉畜生産型のトナカイ牧畜が行われても不思議ではない．しかしそれは歴史的には生じなかったのである．

　これに対し，繰り返しになるが，10世紀以降バイカル湖付近から民族移動を始めたサハ人だけが，このアラースを新しい資源として認識し積極的に利用することを始めた．サハ人はモンゴル・中央アジアの牧畜民と同様にウシ・ウマ・ラクダ・ヒツジ・ヤギの五畜の牧畜をしていた．北上の結果移動した寒冷環境で生き残ったのはウシとウマだけだったが，その家畜飼育にアラースのなかの草原を放牧地としてまた採草地としての利用を開始したのである．とくにウシは越冬の際に，舎飼いをする必要があり，干し草は必須の資源であった．冬の間定住的な条件を満たす必要のあるウシを飼育する適応を維持することは，サハ人以前の移動以前のシベリアの諸民族にはなかった．確かに沿岸部では定住的な適応は可能であったが，それは漁労資源に依存するためのものであり，内陸部での定住的な適応はサハ人によって始められたのである．もちろん，故地である南シベリアのステップ環境と異なるなかで牛馬牧畜を基軸としながらも，狩猟や漁撈を組み合わせる適応に変化したのも事実である．この点で，マクロ環境の提供する資源もまたサハ人の適応にとって重要である．しかしその根幹はミクロ環境の適応する資源だった．

　彼らがなぜウシとウマを手放さなかったのかは興味深い．この民族誌的事実は，ヒトは従来の生息地から移動したとしても，新しい場所の環境資源に即依存するような適応はせず，歴史文化的持続性に頼る性質をもっていることを示しているからである．しかしマルサス的な反環境決定論では，サハ人の適応つまりステップ型の牧畜がタイガにおいてどのように多様化するかを説明することはできない．そこで重要なのは，歴史可能主義である．環境は確かに生業適応の選択肢を限定するが，そのなかの何を選ぶかは歴史や文化に依拠することを示しているからである．ただこの何を選ぶのかという点の幅は自然環境によって既定されているのも事実である．先に紹介したように，サハ人のなかで16世紀以降さらに北西に移動し，北極海に注ぐアナバル川やオレニョク川流域で暮らし始めた集団は，ウシやウマがそこでは寒すぎて生存できず，牛馬牧畜を放棄し，この地域に暮らしていたエヴェンキのトナカイ飼育と狩猟漁労の複合生業を取り入れてしまった．つまり歴史文化的要素は環境によって限定されていることもまた事実なので

ある．また冒頭で紹介した，近年の地球温暖化の当該地域への影響についてまとめたように，従来なかった季節における降水量の増加は，この牧草地生産に否定的影響を与えており，地域生態系サービスの循環のなかで成立してきた牛馬牧畜は現在，危機的な状況に陥っているのである（Crate et al. 2017, Takakura 2016）．この意味で，環境は人類の生態適応文化の多様性の可能性を切り開くと同時に，その限界をも条件づけるのである．

## 7　結　論

　ここまでの考察から明らかになったように，変化する自然を視野にいれて歴史可能主義的視座で分析することによって，よりダイナミックな環境と文化の相互関係を理解することができる．それは環境的決定論的なものでもなく，マルサス主義的な環境制約説でもない．むしろ環境は文化的多様性を可能にするということなのである．肝心なのは，そこでいう環境を変化する自然という観点で理解することである．また広域的視点で環境を理解すると同時に，所与の集団の暮らすミクロな環境という視点もまた重要だということである．とりわけ本稿は単に植物や動物といった生態系だけでなく，永久凍土という地質とこれがかかわる物質循環を視野にいれた人類集団の環境史の重要性を提起できたのではないかと考えている．

　これらを踏まえ本稿が主張したいのは，人類の生業適応というものは，ともに変化する環境と歴史双方の要素によって可変的・可塑的に形成されるという視点である．そしてそれは不可逆的な過程ではなく，さまざまな状況に応じて生じることなのである．この結論は，レイトンらがかつて主張した生業選択における代替的戦略にかかわる議論を支持するものである（Layton et al. 1991）．彼らの主張は，狩猟採集から家畜飼養・栽培に進歩するという考えを否定することであった．むしろ狩猟採集なのか牧畜・農耕を生業とするのかは，個別の社会や自然環境に適応するなかで，その集団によって単一か複合的になるかは別として選び取られるという考えである．この視座は人類史を考える上で有効であることを強調しておきたい．とくに，農耕社会が確立された後に，なぜ乾燥地の遊牧が生まれたのか，東アジアでは漁撈に特化した地域社会が生成するのか，などを考える上でこ

の視座は重要である．生業と集団的アイデンティティとの結びつきは強いがそれを相対化する視点が必要だと思うのである．

　もう一つの主張は，環境は常に変化し続けるという視座である．本稿ではこれを「動的自然」(nature on the move) と呼んでおきたい（Crate et al. 2017: 100 頁）．これは自然科学者にとっては当たり前のことであるが，人文社会科学者にとってはそうではなかった．変化するのは人間側という理解がこれまでの常であった．常に変化する自然が存在すること，これは人類の生業適応のパターン形成と文化的多様性双方を説明する決定的な視点となるというのが本稿の結論である．東シベリアの森林地帯に出現したサハ人の牛馬牧畜の文化史を紐解くことを通して，人類の適応が一定程度の環境の変化に順応することであり，その結果として，生業複合のいくつかの型が形成され，それは人類の文化的多様性に寄与することを示してきた．とくにミクロに環境をみることでそこに常に自然変化が存在するという視点は人類と環境の歴史を解釈し理解するうえできわめて重要なのであった．人類の文化と自然環境の相互関係を考えるうえで，文化相対主義的な観点による「現地の視点」の有効性ふまえつつも，そこに自然環境の変化に応答する文化の進化という視点でこれを捉えることの必要性を主張しておきたい．

## 文献一覧

伊谷純一郎
　　1982『大干魃：トゥルカナ日記』，東京：新潮社.
ウッド，バーナード（馬場悠男訳）
　　2014『人類の進化：拡散と絶滅の歴史を探る』，東京：丸善出版.
大林太良
　　1991『北方の民族と文化』，東京：山川出版社.
海部陽介
　　2005『人類がたどってきた道："文化の多様化"の起源を探る』，東京：日本放送出版協会.
斎藤晨二
　　1985『ツンドラとタイガの世界』，京都：地人書房.
酒井 昭・木下誠一
　　1974「永久凍土地帯の森林の生態的特性」，『日本生態学会誌』24 (2): 116-122 頁.
酒井 昭・斉藤 満
　　1974「ヤクーツク地方のダフリアカラマツ」，『日本林學會誌』56 (7): 247-252 頁.
高倉浩樹
　　2015「恵みの洪水が災いの水にかわるとき」，檜山哲哉・藤原潤子編『シベリア，温暖化する極北の水環境と社会』: 173-222 頁，京都：京都大学学術出版会.

2013 「アイスジャム洪水は災害なのか？レナ川中流域のサハ人社会における河川氷に 関する在来知と適応の特質」,『東北アジア研究』17: 109-137 頁．

2012 『極北の牧畜民サハ――進化とミクロ適応をめぐるシベリア民族誌』, 京都：昭和堂.

2008 生業文化類型と地域表象：シベリア地域研究における人類学の方法と視座」, 宇山智彦編『講座スラブ・ユーラシア学　第二巻　地域認識：多民族空間の構造と表象』: 175-201 頁, 東京：講談社．

檜山哲哉

2011 「極北・高緯度の自然環境」,『極寒に生きるシベリア』: 98-111 頁, 東京：新泉社．

福田正己

1999 「シベリアと地球環境問題」, 安成哲三・米本昌平編『岩波講座　地球環境学２　地球環境とアジア』: 175-205 頁, 東京：岩波書店．

1996 『極北シベリア』, 東京：岩波書店．

Boshikov, N.P.

1991 *Evoliutsiia alasov Tsentral'noi Iakutii.* Yakutsk: Permafrost Institute, SB USSR.

Crate, S., Fedorov, A.N., Gavrilie, P.P., Konstantinov, P.Y., Hiyama,T., Iijima,Y., Iwahama, G.

2014 Estimating the water balance of a thermokarst lake in the middle of the Lena River basin, eastern Siberia. *Ecohydrology* 7(2):188-196. DOI: 10.1002/eco.1378.

Crate, S., Ulrich, M., Habeck, J.O., Desyatkin, A.R., Desyatkin, R.D., Fedorov, A. F., Hiyama,T., Iijima, Y., Ksenofontov, S., Mészáros, C., Takakura, H.

2017 Permafrost Livelihood: A Transdisciplinary Review and Analysis of Thermokarst-based Systems of Indigenous Land Use. *Anthropocene* 18: 89-104. DOI:10.1016/j.ancene.2017.06.001

Gurvich, I.S.

1977 *Kul'tura severnykh Iakutov-olenevodov.* Mocow: Nauka.

Iijima Y., Ohta,T., Kotani,A., Fedorov,A.N., Kodama, Y., Maximov, T.C.

2014 Sap Flow Changes in Relation to Permafrost Degradation under Increasing Precipitation in an eastern Siberian larch forest. *Ecohydrology* 7(2):177-187. DOI: 10.1002/eco.1366.

Katamura, F., Fukuda, M., Bosikov, N. and Desyatkin, R.

2009 Charcoal Records from Thermokarst Deposits in Central Yakutia, Eastern Siberia: Implications for Forest History and Thermokarst Development. *Quaternary Research* 71: 36-40.

Krupnik, I.

1988 Economic Patterns in Northeastern Siberia. William W. Fitzhugh and Aron Crowell (eds.) *Crossroads of Continents: Cultures of Siberia and Alaska.* Pp.183-193. Washington, DC: Smithsonian Institution Press.

Layton, R., Foley,R., Williams, E.

1991 The Transition between Hunting and Gathering and the Specialized Husbandry Resources. *Current Anthropology* 32(3):55-274.

Levin, M.G.

1958 *Etnicheskaia antropologiia i problemy etnogeneza narodov Dal'nego Vostoka.* Moscow: Nauka.

Levin, M.G. and Cheboksarov, N.N.

1955 Khoziaistvenno-kul'turnye tipy i istoriograficheskie oblasti. *Sovetskaia etnografiia,* (1955) -4: 3-17.

Levin, M. and L.G.Potapov

1964 *The Peoples of Siberia.* Chicago University Press.

Moran, E.

2000 *Human Adaptability: An Introduction to Ecological Anthropology.* Boulder, Colorado:

Westview Press.
Ohta, T., Maximov, T.C., Dolman, A.J., Nakai, T., van der Molen, M.K., Kononov, A.V., Maximov, A.P., Hiyama, T., Iijima, Y., Moors, E.J., Tanaka, H., Toba, T. and Yabuki, H.
 2008 Interannual Variation of Water Balance and Summer Evapotranspiration in an Eastern Siberian Larch Forest over a 7-Year Period (1998-2006). *Agricultural and Forest Meteorology* 148: 1941-1953.
Slezkine, Y.
 1994 *Arctic Mirrors: Russia and the Small Peoples of the North.* Ithaca: Cornell University Press.
Takakura, H.
 2016 Limits of Pastoral Adaptation to Permafrost Regions caused by Climate Change among the Sakha People in the middle basin of Lena River. *Polar Science* 10-3:395-403. DOI:10.1016/j.polar.2016.04.003
Vainshtein, S.
 1980 *Nomads of South Siberia: the Pastoral Economies of Tuva.* Translated by Michael Colenso, Cambridge: Cambridge University Press.
Vakhtin, N.
 1994 Native Peoples of the Russian Far North. Minority Rights Group ed. *Polar Peoples.* Pp.29-80. London: Minority Rights Publication.
Zhang, N., Yasunari, T. and Ohta, T.
 2011 Dynamics of the Larch Taiga-Permafrost Coupled system in Siberia under Climate Change. *Environ. Res. Lett.* 6 (April-June 2011) 024003 DOI:10.1088/1748-9326/6/2/024003

# 第4章　西シベリア森林地帯における　　淡水漁撈とトナカイ牧畜の環境利用

大石 侑香
Oishi, Yuka

## 1　西シベリアの環境と生業複合

**西シベリアの森と水の世界**

　ウラル山脈とエニセイ川のあいだには，平均海抜標高 100 ～ 200m 程度の西シベリア低地が広がる（檜山 2012: 107-108 頁）．西シベリア低地のほぼ中央をオビ川が南北に流れ，北極海に注いでいる．そして，オビ川中流域とその支流域には，広大なタイガが広がっている．

　タイガとは湿地と針葉樹からなる大森林地帯のことである．西シベリアの森林地帯を構成する優占種は常緑針葉樹のシベリアトウヒ（*Picea ovobata*）やシベリアモミ（*Abies sibirica*）である（福田 1996: 28-29 頁）．またトウヒ属以外ではシベリアマツやシラカバなどもみられる．西シベリアの年降水量は 400 ～ 500mm であり，夏の気温は高くない．そのため土壌中には過剰の水分が貯えられ，地表面はコケで覆われている（福田 1996: 31 頁）．常緑針葉樹は夏になると緑が濃くなり針葉も密になるため日射が地表まで届きにくい．西シベリアのタイガが「暗いタイガ」と言われる所以である（福田 1996: 31-32 頁）．

　タイガ地帯は針葉樹が密生して鬱蒼と茂っているところと，一般的にイメージされがちであるが，実際にはそのようなところばかりではない．西シベリアの低地には約 40％もの沼沢地が分布する．とくにオビ川中流域にはタイガのあいだに大小無数の湖沼と湿原が分布し，それらのあいだを蛇行した小川が流れている（福田 1996: 31-32 頁）．実際にこの地域を歩いていると，地表が現れているよう

第 4 章 西シベリア森林地帯における淡水漁撈とトナカイ牧畜の環境利用 71

写真 1 ヌムト湖
筆者撮影，2012 年 3 月．

に見えるところでも土に木々や草が根を張っているところばかりではなく，沼地に分厚くコケや草が繁茂しているところもあって，気を付けないと沼にはまって足をとられてしまうこともある．ここには，一般的なタイガのイメージとはかけ離れた「水の世界」を見出すことができる．写真 1 は，ヘリコプターから撮影した冬の西シベリアのタイガの風景であるが，白く見えるところはすべて雪と氷で覆われた小川や湖沼である．町や村や宿営は比較的乾いた場所に建設されるため，上空から覗くと，人が住む場所はまるで大海の小島のように見える．そして，これらの川や湖のなかには淡水魚が繁殖し，森にはベリーが実り，さまざまな鳥獣が棲息する．

このオビ川中流域の森林には，ハンティやマンシ，森林ネネツなどのフィン・ウゴル系の北方少数民族が居住している．彼らはこのような自然環境のなかで豊富な淡水産資源や動植物資源を利用して暮らしてきた．本章では，広大な森林と湿原という自然環境における同時代のハンティの生業をとりあげ，とくにトナカイ牧畜と漁撈の環境利用と特徴的なトナカイ群管理方法について論じる．

## シベリアの生業複合

生業とは，狩猟・採集・漁撈・家畜飼育・農耕といった食料を獲得するための

活動と技術のことであり，生業複合とはこれらの生業を複数組み合わせて行うことである．すでに述べたように，タイガ地帯にも多様性があるのと同じく，シベリアの自然環境は地形や気候が場所や季節によって変化に富んでいる．南北では植生が，北から北極海，ツンドラ地帯（凍土），森林ツンドラ地帯（移行帯），タイガ地帯（森林），ステップ（草原）と連なり，東西では地形が，東の山地から西の低地までみられる．さらに，季節によって，夏至の白夜から冬至の極夜へと急激に日照時間は変化し，年間の最高気温と最低気温の差も大きい．生業複合は，その場所ごとの／そのときどきの自然環境に適応した様式となっている．このことはシベリアだけでなく，北極点を中心として見た環北極圏の諸民族についても同様のことがいえる．北欧のサーミを調査した葛野は，環北極地域の生業文化について，季節によってめまぐるしく変化する自然環境と地形や植生の多様性をあげ，「季節の変化・地形・植生の多様性をトナカイ飼育，漁労，狩猟，採集の四種類の活動すべてを組み合わせて受け止め，最大限に利用するのが環極北地域の生業文化の全体」（葛野 2009: 142 頁）と説明している．環北極という過酷な環境では，一つの生業だけに依存せず，それぞれの地域の自然環境に合わせて複数の生業を組み合わせて生産活動を行うことが適応戦略となっている．

　もともと北ユーラシアのツンドラおよびタイガ地帯では，野生動物の狩猟と沿海ならびに河川での漁撈が住民の生活を支えていた．そこへトナカイ牧畜があとから伝播し，漁撈，狩猟，採集，トナカイ牧畜の生業複合となった．西シベリアのネネツや東シベリアのチュクチのところでトナカイ飼育が専業化・大規模化したのはロシア人との毛皮取引により野生毛皮獣の資源が枯渇し，納税のために生業形態を変化させねばならなくなった 18 世紀末頃からのことである（佐々木 1985: 90-92 頁）．サーミのところでトナカイ飼育が専業化・大規模化したのも，ノルウェー，スウェーデン，ロシアによる支配・徴税が本格的になった 17 世紀と考えられている（葛野 2000: 48-49 頁）．トナカイ牧畜の形態には，「狩猟・漁撈に重点をおく遊牧」と「トナカイ遊牧に重点のあるもの」の二つがあるが，後者にあたる大規模化したトナカイ牧畜を営むチュクチやネネツといった民族についても，狩猟と漁撈とは絶縁しておらず，それらによる獲物は常に必要であった（斎藤 1966: 148 頁）．前者の場合は，トナカイ飼育がはじまっても漁撈・狩猟・採集が生業の中心であることは本質的に変わりなく，タイガ地帯では運搬用家畜

第4章 西シベリア森林地帯における淡水漁撈とトナカイ牧畜の環境利用　73

写真2　魚を食べるトナカイ
筆者撮影，2012年1月.

としてトナカイを飼育し，ツンドラ地帯でも狩猟・漁撈の補助としてトナカイ飼育を行っていた（斎藤 1966: 139頁）.

　本章が対象とするハンティもこれと同様にハンティの一部は森に居住し，漁撈・狩猟・採集・トナカイ牧畜の生業複合を行って生活している．ハンティは，前述したように川と湖沼が多い環境において豊富な淡水産資源を利用している．興味深いことに，ここでは一般的に草食動物と認識されているトナカイが魚を食べている（写真2）．トナカイが自ら魚を捕獲して餌としているのではなく，人間が捕獲した魚をトナカイに与えて餌付けし，群れの管理に利用しているのである．以下，なぜトナカイへの魚給餌が必要なのか，環境利用の事例をあげて考察していきたい.

　具体的に本章が対象とするのは，西シベリアのハンティ-マンシ自治管区東北部にあるヌムト湖周辺地域（以下，ヌムト）の事例である．使用するデータは，文献によるものと筆者が2011年から2012年の秋〜冬（約7カ月間）に行った参与観察とインタビューを基礎とした文化人類学的フィールドワークによって収集したものである.

## 2　トナカイ牧畜の個人経営化の背景

### トナカイ牧畜のはじまりと展開

　現在，ヌムトのハンティは世帯ごとに自立的にトナカイ牧童・漁撈・狩猟採集

の生業複合を行っている．本節では，現在のような生業形態に至った過程について述べる．

　まず，ハンティのところでトナカイ牧畜が始まった過程を文献から概略する．野生トナカイの家畜化がはじまったのは紀元前1千年期とする説が有力である（佐々木1985: 86頁）．ハンティのところにトナカイを飼育する技術が伝わり，トナカイ牧畜が行われるようになったのは意外にも遅く，ほんの数百年前のことである．西シベリアには紀元前3〜5世紀まで，ハンティ，マンシ，セリクープなどの現在西シベリア森林地帯に居住する諸民族の祖先となる人々が，古代の人々と同様に狩猟・採集・漁撈を行って暮らしていた．彼らは，紀元前1世紀あるいはそれ以前より南方のアルタイ山脈・サヤン山脈・カザフのステップから移動してきたウラル語・ウゴル語などを話し遊牧を行う種族たちと交わり，いくつかの集団ができた．そしてこれらの集団の一つが現在のハンティを形成した（ソコロヴァ1987: 36-37頁）．15世紀頃からハンティはより北方のツンドラに居住し大規模なトナカイ牧畜を行うネネツの影響を受けてトナカイ飼育を始めた（Prokof'yeva 1964（1956）: 521頁）．彼らはソ連時代に集団化が行われるまで数世帯からなる拡大家族ごとに，川などの自然の境界で区切られた世襲の狩猟・漁撈領域を，陸上と水中の獲物を追いつつ，家畜とともに季節移動しながら暮らしていた（山田2007: 206頁）．17世紀に帝政ロシアがこの領域に進出したが，18〜19世紀をとおしてこうした土地の利用システムは継続した．このシステムは土地の私的所有ではなく，クランや拡大家族といった集団の用益権として機能し，漁撈や狩猟の獲物は集団内で分配された（Nemysova 1999: 161-162頁）．

　1950年代に集団化が本格化すると，それまでの拡大家族で季節移動する生業様式が変化する．筆者の聞き取り調査によると，ヌムトの人々の場合，行政村のカズィム村に家を構えて，集団農場に所属して森でのトナカイ飼育などの生産活動に従事した．トナカイ飼育については，数名の専業牧夫と炊事婦が飼育班をつくり，生産目標に沿った生産活動を行い始める．集団農場の本部と固定住居のあるカズィム村から離れた，割り振られた一定の土地で年間300km程度移動する遊牧を行い，秋に一斉に屠畜をして決められた量の肉・毛皮・角を集団農場に納めた．狩猟と漁撈についても同様に数名から成る班がつくられ，決められた場所で専業の猟師・漁師がそれぞれ生産活動に従事した（大石2014: 7-9頁）．

つまり，もともとハンティは牧畜民であったのではなく，タイガの森で狩猟・漁撈を行っていたところ，南方の遊牧民と北方のネネツの影響を受けて牧畜方法を習い，トナカイを飼育するようになったのである．そして，ソ連時代にはトナカイ飼育，漁撈，狩猟が集団化され，専業牧夫や専業漁師・猟師が誕生した．

## ソ連崩壊と個人経営化

　前述のように，ソ連時代にハンティは職業牧夫数名とその妻である炊事係が一つの飼育班をつくり計画経済に沿った食肉生産に従事した．飼育班は集団農場によって定められた場所で比較的大規模のトナカイ群を管理し遊牧していた．次に，ヌムトの脱集団化についてみていく．社会主義体制が崩壊すると，カズィム村の集団農場は解体・再編するが，その後民営化した．ヌムトのハンティらもそのまま従業員となって同様の形態で家畜飼育や漁撈などに従事する者や村落部に居住する者もいたが，一部の人々は国営農場での労働を辞め個人農場経営者となった．そうした人々は家族と個人所有トナカイを連れてヌムト湖周辺の森に行き，世帯ごとにトナカイ飼育・漁労・狩猟・採集を複合的に行い始めた（大石 2014: 17 頁）．彼らは，ソ連時代の集団農場で行われていたように専業牧夫として数名で共同労働する形態ではなく，各世帯がそれぞれに季節的に移動して放牧を行うという自立性と自給制の高い生業・生活を営むようになる．そして，彼らは現在も森を生活の拠点とし，豊富な淡水産資源を利用して年間をとおして筌・網漁と釣魚を行い，トナカイ肉・獣肉を主たる食料としている（大石 2014: 7-9 頁）．

　この新たな生業形態は集団化以前のハンティの生業のあり方と共通する部分が多い．彼らは集団化以前，ある地理的範囲を親戚関係にある数世帯で移動しつつ複合的に生業を行っていた．一世帯で限定的な範囲内での移牧を行っている点では現在の生業のあり方と異なるが，社会主義経済的生産のためでもなく，販売・収益が主目的でもなく，自分たちの生活のために周囲の環境を利用して複合的に生業活動を行っている点では共通している．ヌムトの人々はソ連崩壊後の社会・経済的状況に合わせて，新たな形態で生業活動を始めたといえるだろう（大石 2014: 17 頁）．

　カズィム村では集団農場は民営化して継続しているにもかかわらず，ヌムトの人々は辞職し村を離れていった．彼らが現金収入のない生活を選んだ理由は，筆

者の聞き取りによれば，ソ連崩壊時／後に給料の支払いがしばらくのあいだ滞ったからである．それを嫌がった者達が，生きていくために自給自足に近い生業形態を選んだ．さらにその後も，ソ連崩壊の影響で村落部において現金収入のある仕事が減少してしまったために，そのまま森で家畜を殖やしつつ暮らしている．森に移り住んだハンティらの子どもたちは，親元を離れ，村落部の寄宿生学校で義務教育を修める．学校卒業あるいは兵役後，村落部や都市部で仕事に就けない者は親のところへ帰り，親の年金を頼りに森で生業活動を手伝って生活している．彼らは結婚するまでずっと親と同居する．年老いた両親と成人した複数の子どもたちという世帯構成になることで世帯内の働き手が増え，それゆえに自立的に生業活動を営み易くなっている．この点も，拡大家族で生業活動を行っていた集団化以前の生業形態とは異なる現代的な特徴の一つといえる．

## 3　生業暦と食料資源の補完関係

前節では，西シベリア諸族については漁撈と狩猟，採集を行っているところにトナカイ牧畜が伝播して複合生業形態が形成されたこと，そして，ヌムトではソ連崩壊後から世帯単位で自立的に生業複合が行われるようになったことを確認した．次に，どのように漁撈や狩猟・漁撈とトナカイ牧畜が行われ，生業複合が成り立っているのか，筆者の調査成果を用いて示す．

現在，ヌムトの人々は行政集落には常住せず，ヌムト湖周辺の森のなかで拡散的に居住している．核家族を基礎とする一世帯が生業の単位であり，一世帯あたりおよそ60〜120頭という比較的小規模のトナカイ飼育，狩猟，湖川での漁撈，ベリー類・キノコ類採集を複合的に営んでいる．これらのほかに，パン用の小麦粉やマカロニ，穀類，茶，塩，砂糖などを村落などの商店で購入している．自分たちの生産物以外の食べ物や嗜好品，生活用品を購入するための現金は年金であることが多い．あるいは，ときどき町の市場へ魚やベリー，毛皮などを売りに行き，現金収入を得ている．以下，ヌムトにおける世帯の年間の生業活動からこの地域の生業複合を特徴づけていきたい．

図1は個人経営世帯が1年のあいだに従事する生業活動を暦のかたちでまとめたものである．牧畜に関して肉畜の面に注目すると，夏季にはあまりトナカイを

第4章　西シベリア森林地帯における淡水漁撈とトナカイ牧畜の環境利用　77

| 月 | 平均気温 | 雪・氷 | 日照 | 移動 | トナカイ牧畜 | 漁撈 | 狩猟 | 採集 | その他 |
|---|---|---|---|---|---|---|---|---|---|
| 10 | -2.3℃ | 初雪・根雪 | | 移動 | | 川水凍結中漁撈困難 | 冬季の罠猟, 稀に銃猟(クマ・クズリ・カワウソ・テン・キツネ・リス・ライチョウなど) | | 町の市場で魚・ベリー・毛皮・土産物等の販売 |
| 11 | -13.0℃ | 川・湖凍結 | 20h 40min | 移動 | 屠殺 | | | | |
| 12 | -18.8℃ | | | 移動 | | | | | |
| 1 | -22.0℃ | | | | 雌の買い付け | [年間で]川での筌漁・湖での刺網漁 (冬季は氷下刺網漁) | | | |
| 2 | -20.9℃ | | | | | | | | |
| 3 | -12.4℃ | | | 移動 | | | | | |
| 4 | -4.6℃ | | | | 出産 | 川氷溶解中漁撈困難 (舟の使用) | | | 皮なめし |
| 5 | 3.2℃ | 消雪・消氷 | 4h 30min | | 去勢 | | ガン・カモ銃猟 | | ジャガイモ植付け |
| 6 | 11.8℃ | | | 移動 | 蚊遣火 (部分的牧柵) (頭数確認) 交尾 | 干魚・燻製魚作り | | | 衣服縫製 |
| 7 | 16.9℃ | | | 天幕 | | | ハクチョウ銃猟 | ベリー採集 | 家・牧柵等の建設・修理 |
| 8 | 13.3℃ | | | | | 川・湖での釣魚 | | | |
| 9 | 7.2℃ | | | 移動 | | | | | ジャガイモ収穫 |

**図1　現代のヌムトのあるハンティ世帯の生業暦**
平均気温は，ヌムトから約250km西に位置するカズィム村のデータである．筆者作成．

屠畜せず，冬季に屠畜を行って冬用の食料としている．そのため，年中トナカイ肉を食べているわけではない．冬季は屠畜後に肉がすぐに凍りつくため，腐りにくく，保存は屋根の上にそのまま肉塊をのせておくという簡単な方法で済ますことができるからである．

漁撈は年間をとおして行われ，夏はボートを利用して引き網漁（使用する網は刺網）を行う．冬は氷下に筌あるいは引き網の設置をする．ヌムト地域では，年間を通してカワカマス目 Esox lusius，スズキ目 Perca fluviatilis, Gymnocephalus cernuus，コイ目 Rutilus rutilus, Leuciscus idus などの淡水魚を捕獲することができる．ヌムト周辺に回遊魚は棲息していないため，季節的に遡上する魚を集中的に獲ることはない．春から夏にかけての魚の余剰分は，川のなかに木材で囲った水槽を作り，魚が瞬時に凍り付く気温になるまでそのなかで泳がせておくか，天日干しあるいはスモークの魚を作り保存食とする．

狩猟の対象は，ヒグマ，クズリ，キツネ，ビーヴァー，テン，カワウソ，リス，ノウサギ，ネズミなどの哺乳動物，ハクチョウ，カモなどの鳥類である．彼らの狩猟方法は，罠を仕掛けて放置し，頃合いをみて獲物がかかっているかいないか確認しに行くというものであり，積極的に狩りに行くことはまれである．銃や斧・鋸などの道具で狩猟を行うのは，漁撈や外出の際に偶然狩猟対象を発見したとき，あるいは，家の周辺に獣が寄ってきたり鳥が飛来したりしたときである．自ら獲

物を探しに行くというよりは，基本的に「待ち」の姿勢が強い．このように，漁撈・トナカイ飼育と比べ，狩猟の優先順位は低い．渡り鳥猟は飛来時期である春から秋にかけて行われるが，それ以外の動物は年中狩猟可能なものの，主に秋から冬に捕らえる．これは，動物たちの毛皮が質のよい冬毛に生え変わってから猟を行うからである．

採集も重要な生業活動である．西シベリアの森林や沼沢地では，7月から9月にかけてさまざまなベリーがそこかしこに実る．ヌムトでは，ホロムイイチゴやクロマメノキの実，コケモモなどが採集対象となっている．実がなる時期が種類によってそれぞれ異なるので，順々に採集していく．ベリーはジャムにして春までの保存食とし，秋に採ったものであれば，そのまま放置して凍らせて保存する．

小規模であるが家庭菜園も行っている．ジャガイモは春に植え付け，8月後半から9月にかけて収穫する．ジャガイモ菜園の規模は世帯によってさまざまである．まったく行わない世帯もあれば，毎年作るとも限らない．ジャガイモの大きさは握った片手の半分程度である．収穫量も年中食べられるほどのものではなく，秋の楽しみといった程度で，冬には食べ切ってしまう．

加えて，日照時間も生業活動に大きく影響する．春から夏にかけての1日の日照時間が長い時期には，皮なめしや衣類作りなどの細かい作業を行ったり，雪もなく作業をしやすいため柵や家屋の修繕を行ったりする．反対に，冬のあいだは日中も薄暗く，細かい作業を行うのが難しい．また，ベリーの採集期間は日照時間が長い時期のため，夜遅くまで採集に時間を費やすことができる．夏には餌となる草が比較的豊富でトナカイが遠くまで餌を探しに行かないうえ，蚊遣火を焚けば蚊を避けたいトナカイたちは自ら家に戻ってくるため，放牧作業にかける時間が減る．その時間を漁撈や干し魚・燻製作り，家屋の建設など，冬季に困難な仕事に費やしている．

このように，ヌムトの生業暦からは，年間をとおして季節により変化する自然環境を利用した生業活動が行われていることが確認できる．夏季にあまりトナカイを屠畜しない一方で，年間を通じて漁撈は可能であり，基本的に夏でも冬でも魚を食べている．そして，トナカイを屠畜して積極的に食べるのは，魚の不漁時や漁撈が困難な湖川の解氷期と凍結期に集中している．肉魚の獲得時期と摂取可能な時期は異なることから，資源の相補的な関係がうかがえる．つづいて，より

具体的にヌムトのある世帯の冬季の食事の事例をあげ，トナカイ肉・魚・鳥獣肉の柔軟な食糧補完関係を示す．

この世帯は 1934 年生まれの未亡人の女性一人であるが，彼女の生業を助けに親戚の 30 代の男性が一緒に住んでいる．加えて，この年末には彼女の息子一人と親戚の 30 代男性二人が滞在していた．調査時，彼女は約 90 頭を所有していた．しかし，彼らが訪れた 2011 年 12 月から翌年 2 月にかけて所有するトナカイの群

表 1　2011 年 1 月にヌムトのある世帯の食事

| 日付 | 食卓に出た肉・魚料理 | 補足 | 日付 | 食卓に出た肉・魚料理 | 補足 |
|---|---|---|---|---|---|
| 1 月 2 日 | 茹でた内臓（男），生の脛（女） | 仔トナカイ屠畜 | 1 月 19 日 | 魚のスープ，凍った魚（客） | 祖先参り，来客 |
| 1 月 3 日 | ― | 屠畜後の儀礼 | 1 月 20 日 | 凍った魚（男），残りのスープ | 22 頭戻る |
| 1 月 4 日 | トナカイ肉スープ | 群れ見つからず | 1 月 21 日 | 魚のスープ | 群れ見つからず |
| 1 月 5 日 | 茹で魚，トナカイ肉スープ | 群れ見つからず | 1 月 22 日 | 魚のスープ | 20 頭戻る |
| 1 月 6 日 | 茹で魚 | 群れ見つからず | 1 月 23 日 | 残りのスープ，茹で魚 | 徒歩で漁撈へ |
| 1 月 7 日 | トナカイ肉スープ | 数頭戻る，漁獲無 | 1 月 24 日 | 茹で魚 | 3 頭戻る |
| 1 月 8 日 | トナカイ肉スープ，茹で魚 | 群れ見つからず | 1 月 25 日 | 茹で魚，魚の煮汁スープ | 漁獲少，群れ見ず |
| 1 月 9 日 | 茹で魚 | 群れ見つからず | 1 月 26 日 | 茹で魚，魚の煮汁スープ | 漁獲少，群れ見ず |
| 1 月 10 日 | 凍魚，トナカイ肝臓スープ | 群れ見つからず | 1 月 27 日 | 茹で魚，魚の煮汁スープ | 漁獲少，群れ見ず |
| 1 月 11 日 | 生肉・生血（男），肉スープ | 群れ見つからず | 1 月 28 日 | トナカイ肉（少）のスープ | 群れ見つからず |
| 1 月 12 日 | 凍った生脛，残りのスープ | 群れ一部戻る | 1 月 29 日 | 茹で魚 | 来客，群れ見ず |
| 1 月 13 日 | トナカイ肉スープ | 15 頭戻る | 1 月 30 日 | 茹で魚 | 漁獲中，群れ見ず |
| 1 月 14 日 | トナカイ肉スープ，生肉 | 20 頭発見 | 1 月 31 日 | 茹で魚，魚の煮汁スープ | 群れ見つからず |
| 1 月 15 日 | 魚のスープ | 来客 | 2 月 1 日 | 茹で魚 | 漁獲多，群れ見ず |
| 1 月 16 日 | トナカイのスープ | 群れ見つからず | 2 月 2 日 | 茹で魚，魚の煮汁スープ | 漁獲多，群れ見ず |
| 1 月 17 日 | トナカイ肉スープ | 群れ見つからず | 2 月 3 日 | 茹で魚，油で焼いた魚 | 群れ見つからず |
| 1 月 18 日 | ― | 群れ一部戻る | 2 月 4 日 | 残りの焼き魚，茹で魚 | お湯で体を洗う |

凡例：―は資料なし．パンと紅茶など，毎回出されるものは省略した．

れがひどく分散し始め，各群れが遠方まで去ってしまい，家の牧柵まで連れてくることが難しくなっていた．この家から漁場までは 4km あり，通常はトナカイ橇で漁場まで行っていた．しかし群れを集められないため，橇をトナカイにひかせることができなかった．そのうえ，世帯の男性や手伝いに来た男性客人ら皆が群れ探しに出払ってしまっているので，なかなか漁に行くことができず，魚の貯蔵も尽きていった．この世帯の食事の特徴として，80歳に近い調理者の女主人は「ハンティの料理」を好んで作る．パンやマカロニ，紅茶，飴玉などは食に取り入れているが，ロシア的な料理（カツレツ，プロフ，油で焼いた魚，野菜を使用したものなど）はほとんど作らない．調味料も塩のみ使用する．また，村では隣人や親戚から肉・魚を現金で買ったり物々交換をしたりすることもあるが，森のなかのこの世帯では魚や肉は自給するのが基本である．さらに，集落や村の商店で肉や魚も購入可能だが，この世帯から近隣の商店までは 40〜100km の距離があり，トナカイが分散しつつあるので橇を使用できず，行くことが難しい．そもそも世帯主の女性は年金を受給しているが，小麦粉や紅茶，塩などを購入するだけで，魚・肉を買って得るものとは思っていない．したがって，肉魚に関しては比較的自給に近い世帯といえる．

　新年に息子家族が来ており，1月2日に孫の誕生日のために屠畜を行う．孫とその母は屠畜したトナカイの肉を持って1月6日に町に帰った．このとき2日に屠畜した凍ったトナカイの肉の部分の多くを渡した．1月10日くらいからスープの肉の量が少なくなり，19日くらいからあまり肉を食べなくなる．代わりに魚を食べはじめるが，ほどなく1月中旬には貯蔵庫の魚も尽きてくる．昨年12月も群れが分散しており，漁撈に行く余裕がなかったからである．1月23日から女主人と筆者が徒歩で漁撈に行くようになる．最初はあまり魚がかからなかったため，食卓には魚を少し入れた小麦粉でとろみをつけたスープしか食べなかった．1月下旬に筌の設置をよくするなどの工夫をすると，漁獲量が増え，安定的に魚を食べられるようになっていった．食卓の料理も魚を丸ごと食べられるゆで魚や油で焼いた魚になっていった．

　もちろんこの世帯は特殊な状況であるが，状況に合わせて柔軟に魚と肉を摂取していることがわかる．屠畜時期である冬でも群れを集つめることができず，肉を確保できないことがある．その場合は漁撈を行い，魚を摂取する．不漁時や漁

に出かけられないときは，肉を摂取する機会が増える．

## 4　漁場重視の生業テリトリー

　すでに述べた通り，各世帯は協同労働をほとんど行わず，自立的に生業活動を行っている．そのため，他世帯の放牧群と混ざらないように，また筌を設置する漁場が重ならないように，世帯ごとの家屋は互いに4〜20km あるいはそれ以上離れている．すなわち，通常はこの範囲で各世帯は生業活動を行っている．

　図2は，一世帯の生業テリトリーを円で表したものである．住居を中心に生業テリトリーは広がっている．住居から近いところが水や木材調達，狩猟に利用するテリトリーとなっており，そこを含めたさらに広い範囲が漁撈，採集のテリトリー，その外側がトナカイ放牧のテリトリーになっている．放牧テリトリーは他世帯と重なり合い，生業テリトリーを共有している．

　図2では，季節移動にともなう変化を含めた家畜の放牧テリトリーを牧畜の範囲としている．一世帯が数km離れた複数の固定家屋を所有し，それらの間を家

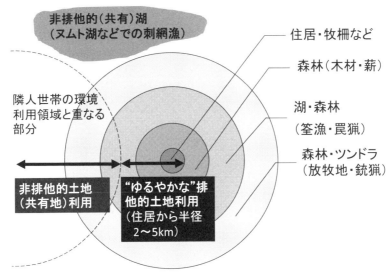

図2　一世帯の生業テリトリー

筆者作成．

**写真 3 漁場と固定家屋と魚貯蔵庫の例**
手前が湖．川が流れ出るところをふさいで筌を設置する．湖から川へ行こうとする魚を一網打尽にできる．岸の建物は魚や漁具用の倉庫である．筆者撮影，2011 年 11 月．

畜とともに季節的に移り住み，季節移動する．毎日の放牧活動は，夕方にトナカイを開放し，翌朝に雪上の足跡をたどってトナカイがいる場所を探す．放牧範囲すべてに牧柵をめぐらせたり，牧夫がつきっきりで群れを見張ったりするわけではない．こうした家畜の自由度の高い放牧活動は，トナカイを探しまわったり追い集めたりせねばならないという点でとても非効率にみえる．しかし，トナカイの生育には自由にコケや草を食べさせねばならないので，隣家とのあいだが狭いこの地域ではこの放牧方法こそがトナカイと自然・社会環境に適しているといえる．トナカイ生育に本来必要な広大な放牧地を住民たちのあいだで共有しているのであり，世帯住居間を越えた半径数十 km が放牧のテリトリーとなる（図 2）．

　トナカイの放牧で使用するテリトリーの範囲内には漁場がある．漁場には二つの種類がある．第一に，住居から 4 ～ 5km 程度の範囲内の湖と小川である．筌は写真 3 のように湖から流れ出る／流れ込む湖口に設置する．そのため，直径数百 m 程度の湖であれば，住居に近い漁撈テリトリーは「ゆるやかな」非排他的土地利用であるものの，結果的に一世帯がその湖を占有することになる．このよ

うな漁場を一世帯が住居周辺に複数占有している．これは厳格な排他的土地ではなく，「誰かに聞かなくても（許可を得なくても），そこが空いていれば，そこに筌や網を設置していい」（ハンティ男性，1990 年生まれ）というように，完全な共有地とはいえず，完全な占有地ともいえない．世帯がゆるやかに排他的に土地を利用している．しかし，他世帯の筌<sup>うけ</sup>や刺網には触れてならず，漁場には世帯所有の意識はないが，漁道具には明確な個人・世帯所有の意識がある．第二に，聖地・ヌムト湖での漁撈である．ここでは，湖口に設置する筌ではなく，湖のどこでも仕掛けられる刺網を使用する．互いに邪魔にならない程度の間隔をあけて刺網を設置することや，一部の神聖な場所に女性が近づかないことなどの倫理を守れば，ヌムト湖ではだれでも漁撈を行ってよい．結果的に小川と湖を占有することになる筌漁とは異なり，漁場としてのヌムト湖は共有地といえる．住居に関しても，「空いていれば，どこにでも家を建てても良い」（ハンティ女性，1958 年生まれ）というように，土地が空いているか否か，すなわち，すでに誰かその土地を使用しているかどうかが，新たに家屋を建設する際の場所選定の判断基準の一つになっている．漁撈や狩猟などの環境利用が「ゆるやかに」排他的なのは，固定的家屋の間を季節移動するのに加え，草やコケ，湖や川の状態などを考慮し，数年から十数年で住居自体も移動して建て替えることがあるからである．

　狩猟においても基本的に同様のことがいえる．主な狩猟方法は既に述べたとおり罠猟である．罠はどこに仕掛けてもよいが，たいていは自宅住居周辺や漁場の近くに設置する．漁撈と同じく，罠を仕掛ける場所は非排他的だが，罠と獲物は仕掛けた者の所有となる．また，外出中に偶然出会った動物は，それが他世帯の近くであっても捕獲してかまわない．しかし，他世帯の居住地の近くである場合や親戚の家の近くである場合は，獲物をそれらの世帯にゆずる場合が多い．たとえば，筆者がヌムト湖から 30 km ほど東に位置するある世帯に滞在していたとき，婚出した娘がその夫とともに訪ねてきた．滞在中，娘婿は付近でキツネを生け捕りにしたが，獲物をそのままその家の世帯主に渡した．また，特定の湖にハクチョウなどの渡り鳥がやってくる場合，渡り鳥飛来地は共有地として機能し，誰でも狩猟を行ってよい．これはヌムト湖での漁撈の共有地利用のあり方とよく似ている．

　以上のことから，住居を中心に，遠ければ遠いほど環境利用に関して排他性が

希薄になっていることがわかる．この生業テリトリーの非排他性を利用して，トナカイの放牧が行われている．拡散的に住居が配置され，世帯ごとに自立的に生業活動を行うものの，放牧テリトリーを一世帯で完全に占有せずに，互いに排除しないように共に使用している．こうした非排他的土地とより住居に近い，「ゆるやかな」排他的土地を使用して鳥獣狩猟を行っている．

　しかしながら，動物資源（家畜，魚，獣，渡り鳥など），とくにトナカイはこうした世帯ごとに住居を中心として階調的に広がる一世帯の生業テリトリーの境界を越えていく．各世帯の住居は互いに距離を取っているものの，家畜トナカイの放牧範囲は周辺世帯と重なっており，放牧中に一世帯の所有するトナカイが他世帯の群れに混ざってしてしまうということが頻繁に起こる．写真4は，隣同士の三世帯のトナカイ群が一つの群れに混ざってしまった際の対処をしている．各世帯の牧夫が集まり，所有するトナカイを仕分けている．とくに冬季にはトナカイが食べるコケなどの植物が少なく，餌を求めて遠い場所まで自由に駆ける．それで，冬季は群れの分散・喪失が起こりやすい．牧夫も冬季は毎日トナカイを探

写真4　隣家の群れと混ざってしまったトナカイを選別する
筆者撮影，2011年2月．

して集めなければならない．このように，牧畜に注目すると，広大な放牧地の必要性と比較的狭い範囲での固定的家屋間の季節移動という矛盾を抱えているようにみえる．しかし，漁撈に注目すると，漁場を一世帯が季節移動する先々でそれぞれ確保していることがわかる．食糧としての肉と魚を相補的に利用するヌムトでは，漁撈も重要な生業である．トナカイを移動させつつ年中漁撈を行うことができるように，住居周辺の湖と川を「ゆるやかに」排他的に使用し，小規模のトナカイ群の成育に必要な土地を隣家とともに利用している．

　それでは，実際にどのような技術と労働をもって狭域でのトナカイの自由放牧が可能となっているのだろうか．以下，トナカイへの魚の餌付けを行うことによって群れの先導を可能にしている事例，および役畜を活用して漁へ出かけるという世帯内労働分業の事例をあげ，漁撈とトナカイ牧畜の関係を考察し，本章をまとめたい．

## 5　漁撈――トナカイ牧畜の生業技術

### トナカイへの魚を給餌と放牧技術

　群れが他世帯と混ざりやすいことに加え，牧夫が群れに付いて行き監視しながら放牧するという方法をとらない家畜の自由度の高い放牧を行っている．こうしたなかで財産である大切なトナカイの喪失を防ぐためには，さまざまな工夫が必要である．その一つとして，ヌムトでは豊富に獲得できる淡水魚を放牧時の群れの管理に利用している．魚の給餌は先行研究においても指摘されているが，断片的な記述であることが多い（たとえば，Zeniko-Nemchinova 2006, Sokolova 2009）．ここでは，放牧技術としての淡水魚がどのように利用されているかを具体的に示したい．

　放牧作業において，トナカイへの魚の給餌は二つの目的で行われる．一つは牧柵のなかに追い込むときと放牧群を確実に追い立てるときの群れの誘導のためである．ヌムトの冬季の放牧作業では，朝牧夫が群れを探しに行き，住居付近まで追いやる．それから，群れをスムーズに牧柵のなかに入れるために，牧柵のなかへ凍った魚を投げ入れる．すると，数頭のトナカイがそれに気づいて柵のなかへ走っていくので，群居性のあるトナカイたちはその一頭につられて柵のなかへ収

写真 5　干し魚を入れた袋を持ち，トナカイを誘導する
筆者撮影 2012 年 1 月．

まっていく．与える魚の種類は何でもよいが，大きすぎない，30cm くらいまでの大きさのものを与えることが多い．一度に与える量は，バケツやタライ一杯程度である．

　トナカイを柵から解放するときに，自由に行かせることもあるが，特定の方向へ行かせて採食させようとすることもある．解放時に特定の場所へ確実に誘導したいときには，干魚や凍った魚を袋に入れ，群れの先頭に立って歩く．少しずつ魚を与えつつ数百 m 誘導し，コケの多い場所でトナカイを置いて帰宅する．また，放牧中のトナカイを確実に家まで追いたてたいときも，同様の方法をとる．写真 5 は，干し魚を入れた袋をもった飼い主の後をトナカイたちが追っていく写真である．この場面は，夜間自由に放牧させておいたトナカイ群を自宅住居近くの湖の対岸で発見し，湖上を通って住居の方へ誘導するところである．このときは群れが三つに分散していたため一つでも確実に家に連れて帰りたかった．そのため，

一人が群れの前方に干し魚の入った袋を持って立ち，群れの後ろにもう一人がついて行くという方法をとった．トナカイは後ろから追われると前に進む習性があるため，数十頭程度であれば，このように人間二人だけでも前後で挟むように進むと確実に誘導できる．

もう一つの目的は，人間が餌を与えてよく人に馴れた個体をつくりだし，その個体に群れを先導させるためである．先導トナカイに対して飼い主は優先的に魚を手渡しで与える．トナカイは夕方解放された後，群れとなって自由に行動するが，群れが翌朝家まで自ら戻ってくることがある．これは，よく順化した先導トナカイに，飼い主のところへ戻れば，魚や塩をもらうことができるということを学ばせているからである．写真5についてすでに述べたように，所有するトナカイの群れがいくつかのグループに分かれ，そのうえ20km以上離れた場所で散り散りになってしまっていた．よく馴れていた先導トナカイすら行方が分からなくなったとき，この写真5の女性は「魚のない家にトナカイはやって来ない．トナカイは今，我が家に魚がないことをよく知っている」（ハンティ女性，1934年生まれ）と言い，群れ分散の原因を，不漁が続き，魚の貯蔵庫が空になってしまっていることと関連づけていた．

トナカイは貯蔵庫に魚があるかないかは匂いでわかるようである．写真6は，

写真6　魚の貯蔵庫
筆者撮影 2012 年 1 月．

魚の貯蔵庫に囲いを作り，トナカイが囲いのなかに入って魚をあさらないようにしている．柵と扉板を破壊してトナカイが侵入してしまうことさえ起こるくらい，トナカイは魚を欲する．ただし，トナカイが魚自体に嗜好性を持っているかどうかは不明で，魚に含まれる塩分をトナカイが欲しているという可能性もある．というのも，トナカイを誘導する際に，家畜用の塩塊や人の尿，茹で魚の汁などといった塩分を含むものも，よく用いられているからである．

## トナカイの機動力と漁撈

　続いて，一世帯における1日の労働分業からヌムトの生業複合のあり方を特徴付けたい．冬季の基本的な放牧作業としては，夕方トナカイを解放し，翌朝トナカイを徒歩で探し集め，家の牧柵まで追いやる．午前中にトナカイを捕えて，午後からはそれらのトナカイにそりを牽引させて漁撈や狩猟に出かける．戻ってきたら，暗くなる前に柵で待機していたトナカイとともに解放する．

　ヌムトのある世帯の1日の冬季の労働の様子を例として示す．成員は，父（森林ネネツ，1955年生まれ）・母（東ハンティ，1958年生まれ）・息子2人（1990年生まれと1992年生まれ）の4人世帯である．息子二人はカズィム村の寄宿生学校に通っていたが，兵役から戻った後は両親とともに生業活動の手伝いをして暮らしている．

　この世帯の冬季の1日の生業活動を例に挙げる．朝皆でお茶とパンの食事をとった後，長男あるいは次男が牧畜犬とともに徒歩でトナカイ群を探しに行く．その間，トナカイを集めに行かなかった方の息子は，その日の分の薪づくりや水汲み，犬の世話（餌の煮炊きなど）を行う．母親は炊事・掃除などを行い，父親は橇や食器などの道具類の修理・作成を行う．トナカイを集めに行った者が群れを住居付近まで追い立ててくると，世帯成員全員が協力して牧柵にトナカイを納める．父親はトナカイが逃げないように通せんぼし，犬たちに命令して逃げそうなトナカイを追わせ，母親は柵のなかへ凍った魚を投げ入れる．柵にトナカイが納まったら，すぐに父親と息子たちがトナカイを投げ縄で捕らえ，それらに橇牽引用の道具をとりつける．食事を取った後，息子のどちらかは用意した橇をトナカイに引かせて4〜25km離れた漁場へ出かける．もう一人の息子は，橇で木材調達や狩猟に出かける．その間，父親は橇か徒歩ではぐれてしまった数頭のトナ

カイを探しに行き，母親は毛皮衣服の修繕を行う．

　ここで注目したいのは，機動力としてのトナカイである．トナカイは単に食糧や毛皮などの資源のために飼育されているのではなく，狩猟・漁撈のための機動力にもなっている．漁獲量はときに 50kg 以上にもなるため，漁場まで数 km ある場合，トナカイ橇が圧倒的に便利である．午後にはトナカイを交通・運搬として使役できるように，昼くらいまでにはトナカイを家の牧柵まで連れ帰っておくようにしている．つまり，ボートが使用できない冬季に少し離れたところにある漁場で効率的に漁撈を行うためには，トナカイの機動力が必要であり，こうした世帯内の一日の労働分業の面からも漁撈活動と牧畜活動が相補的に関係していることがわかる．

## 6　漁撈を前提とした牧畜

　本章では，湖沼の多い西シベリア森林地帯においてハンティの生業活動のなかで漁撈と牧畜とがいかに有機的に関係しているのかについて具体的な事例を示した．ここで，ヌムトの環境利用の特徴を他地域と比較考察し本章のまとめとしたい．

　トナカイの成育のために自由度の高い放牧を行うのはヌムトに限ったことではなく，トナカイ牧畜に共通する放牧方法である．高倉は，ヒツジやヤギのように人間とともに寝て彼らの移動に人間が随伴するという放牧方法に対して，トナカイ牧畜を，「いかに牧夫側が設定した放牧領域（牧）に家畜を配置し・解放する（放つ）かという原理を基盤とする体系」（高倉 2000: 162 頁）とし，「解放放牧」と呼んでいる．高倉のエヴェンのトナカイ牧畜の分析（Takakura 2004; 高倉 2016）において，ヒツジやヤギと比べて群れは明確な輪郭のあるものではないとし，ただ毎日連れ戻すことによって，比較的キャンプの近くにとどまられることができるとしている．ヒツジ・ヤギ牧畜のように群れ内すべて同じ程度に家畜化するのではなく，トナカイ牧畜では親密度と疎遠度がグラデーションをつくるような人─家畜関係を構築する．調教済みの騎乗用トナカイと搾乳メストナカイという親密度の高い家畜を個性のある個体として牧民は認識し，一部と親密度をあげることにより群れ管理している（高倉 2015: 107-108 頁）．ヌムトのハンティもエヴェ

ンと同様にトナカイとヒトの親密な関係と疎遠な関係を作り出している．しかし，ヌムトでは，自発的に群れを先導して家まで連れ帰るよく順化した去勢オスがいる．個体に役畜にするための調教を行うだけでなく，魚の餌付けによって自ら群れを先導するまでになるくらい，人とより親密な数頭の個体をつくりだしている．先導トナカイは怪我などの場合を除いて屠畜対象にならないが，それ以外は肉畜と役畜の区別があいまいであり，人との親密・疎遠な関係もはっきりとしない．エヴェンと異なり，肉として屠畜対象になっていく個体にも調教を施すことがある．エヴェンはトナカイ飼育頭数が千頭を超え，人との関係もさまざまにつくることができる．しかし，ヌムトのハンティは多くても百数十頭であり，群れが小さいため，群れ内で多種類の親密・疎遠な関係をつくることができない．その代わりに特別に馴化し，人との関係がとくに親密な数頭のトナカイに群れを自発的に先導させているのである．

　ここで強調したいのは，このような群れ管理に魚が重要な役割を果たしているということである．隣家と放牧テリトリーが重なってしまうのに，解放放牧を行うという点，さらに，複数の固定的漁場の「ゆるやかな」非排他的利用と移動性の高い放牧を同時に行うという点で環境利用テリトリーが牧畜と漁撈とで矛盾している．解放放牧中のトナカイはいつでも飼い主から逃げられる状況があるにもかかわらず，あまり飼い主の居住地から離れようとしない．それは，人によく馴れた先導トナカイをつくることによって，群を人から遠く離れないようにしているからともいえる．トナカイへ魚を給餌することによって，トナカイの成育に必要な自由度の高い解放放牧を保ったまま，遠くへ行き過ぎないようにしている．この先導トナカイを作り出すのに必要なのが，魚である．ヌムトの環境利用において漁撈を行うために放牧テリトリーが限られるが，漁撈で獲得する魚によってそれを解消している．漁撈あってこその牧畜がヌムトでは展開されているのである．

文献一覧
大石侑香
　　2014「西シベリア・タイガ地帯北部におけるトナカイ飼育の脱集団化過程と複合的生業の現在」，『北海道立北方民族博物館研究紀要』（北海道立北方民族博物館）23: 1-21 頁．

2015「シベリアのトナカイ牧畜から考える：極北，特集「野生動物から家畜化への道」」，『ヒトと動物の関係学会誌』（ヒトと動物の関係学会）41: 13-16 頁．

葛野浩昭
 2000「環極北地域の人と暮らし：その生態系的地域・民族的地域・地球的地域の三重構造について」，川田順造・大貫良夫編『地域の世界史 4 　生態の地域史』：12-60 頁，東京：山川出版．
 2009「トナカイと生きること：北欧の先住民サーミ人の生業活動と文化」，林 良博・森 裕司・秋篠宮文仁・池谷和信・奥野卓司編『ヒトと動物の関係学 　第二巻 　家畜の文化』：139-149 頁，東京：岩波書店．

佐々木史郎
 1985「トナカイ飼育の歴史」『民博通信』（国立民族学博物館）30：85-94 頁．

ゾーヤ・ソコロヴァ（本庄よし子訳）
 1987（1981）『シベリヤ民族誌：北の大地に生きる』，国際文化出版社．

高倉浩樹
 2000 　『社会主義の民族誌：シベリア・トナカイ飼育の風景』東京：東京都立大学出版会．
 2016 　「再野生化あるいは親和性多様化対象としての家畜：シベリア肉牧畜の地域進化」，平田昌弘編『公開シンポジウムの記録：家畜化と乳利用：その地域的特質をふまえて：搾乳の開始をめぐる谷仮説を手がかりにして』（2015 年 5 月 16 日・17 日公開シンポジウム事務局）：91-123 頁．

檜山哲哉
 2012「極北・高緯度の自然環境」，高倉浩樹編『極寒のシベリアに生きる：トナカイと氷と先住民』：98-111 頁，東京：新泉社．

福田正巳
 1996『極北シベリア』（岩波新書），東京：岩波書店．

山田孝子
 2007「文化復興から読む宗教と自然の意味：ハンティ，サハの事例から」，煎本 孝・山岸俊男編『現代文化人類学の課題：北方研究からみる』：203-230 頁，京都：世界思想社．

Nemysova, E. A., D. Bartels and A. Bartels
 1999 The "Khanti of the West Siberian Plain" in Lee, R. and R. Daly (ed.) *The Cambridge Encyclopedia of Hunters and Gatherers*. Cambridge: University of Cambridge Press.

Prokof'yeva, E. D., V. N. Chernetsov and N. F. Prytkova
 1964（1956）"The Khanty and Mansi" in M. G. Levin and L. P. Potapov (ed.) *Peoples of Siberia*. Chicago?and London: The University of Chicago Press, pp. 511-545.

Sokolova, Z. P.
 2009 *Khanty i Mansi: Vzgliad iz XXI Veka*. Moskva: Nauka.

Takakura, H.
 2004 "Gathering and Releasing Animals: Reindeer Herd Control Activities of the Indigenous Peoples of the Verkhoyansky Region, Siberia." *Bulletin of National Museum of Ethnology*. 29-1: 43-70.

Zeniko-Nemchinova, M. A.
 2006 *Sibirskoe Lecnye Nenty: Istopiko-Etnograficheskie Ocherki*. Ekaterinburg: Basko.

# 第5章 生態環境が育む北アジア牧畜の特徴

西アジア牧畜との対比から

平田 昌弘
Hirata, Masahiro

## 1 牧畜の型

　ユーラシア大陸乾燥地帯には，地域の生態環境に適応しながら多様な牧畜が発達している．モンゴルでは，広大な草原で五畜（ヒツジ・ヤギ・ウシ・ウマ・ラクダ）を飼養しながら，農耕に携わらず，季節移動を繰り返す遊牧が達してきた．シリアでは，地中海性気候のもとでムギ農耕を行い，限られた草地で定着的にヒツジ・ヤギを飼養する半農半牧の形態が広く普及している．チベット高原やヨーロッパ山岳地帯では，山岳地帯の高低差による生態環境の違いを利用し，季節的に上下移動して移牧が発達してきた．このように，牧畜の形態は地域の生態環境に大きく影響を受けながら，その地域特有に発達してきた．このような，それぞれの地域に特有に発達した牧畜の形態を，"牧畜の型"と呼ぶことにしたい．

　北アジアでは月平均気温10℃以上となる期間が3カ月ほどしかなく，西アジアの年間平均気温18℃以上と比べ，気温が低く，冷涼な生態環境にある（Köppen 1936）．北アジアの冷涼な生態環境のもとで，牧畜がどのような個性をもって発展してきたのであろうか．地域の生態環境が育む牧畜の型のあり方と牧畜史の再構築において，きわめて興味深いテーマである．本章では，モンゴルの牧畜が二次的に成立した可能性が高いことを検討してから，北アジアの生態環境のもとで牧畜がいかに特徴的に変遷を遂げたか，そして，その形成に影響を与えた要因について検討してみたい．牧畜を地域間比較するために，北アジアと西アジアで共通して飼養されるヒツジ・ヤギにとくに着目する．したがって，本章で対象とす

る地域は，ラクダ牧畜のアラビア半島やトナカイ牧畜の極北地域ではなく，ヒツジ・ヤギを飼養する北アジアや西アジアの地域を対象としている．

梅棹（1976）はかつて，牧畜起源の多元論を検討するために，牧畜民の類型をツンドラのトナカイ遊牧民，中央アジアから北アジアのステップにかけてウマ・ヒツジに主力をおく遊牧民，西アジアから北アフリカの乾燥地帯でラクダとヤギに主力をおく遊牧民，サバンナのウシ牧畜民の四類型に分類した．梅棹は，ステップの遊牧が狩猟採集社会から独立的に起源した多元論を主張している．本章では伝播論の立場にたち，以下に検討する通り，家畜ヒツジの遺伝的解析，考古学，乳文化論の視点から，乳利用をともなった牧畜は西アジアに起源し，北アジアに伝播して二次的に発展したことを論じてみたい．

## 2 北アジア牧畜の二次的展開

### 西アジア起源の家畜ヒツジ

家畜ヒツジの遺伝的解析を行った結果，野生ヒツジは西アジアで紀元前7,000〜6,000年前に家畜化され，家畜ヒツジが中央アジアから北アジアへと至るルートと南アジアへと至るルートの主に2系統でアジア大陸に伝播したことが報告されている（角田2009）（図1）．東アジアには紀元前4500年には到達したとしている．考古学の成果からは，出土した動物骨の分析の結果，ヒツジ・ヤギの家畜化は西アジアで紀元前8500年頃とされている（本郷2013）．遺伝的解析の検討の余地は残るものの，今まで公表されてきたいずれの研究においても，ヒツジの家畜化は西アジアで起こり，西アジアから周辺へと伝わっていったことについては見解が一致している．つまり，現在のモンゴル遊牧民に飼養されているヒツジは西アジアから伝わってきた家畜ということになる．西アジアのシリアで飼養されるヒツジも北アジアのモンゴルで飼養されるヒツジも，いずれも脂尾羊であり，鼻がわし状に円曲し，それぞれの形態がきわめて類似している（写真1）．家畜ヤギに関しても，西アジアに起源し，西アジアから北アジアへと伝播したとされている（万年2009）．

繁殖生理においても，現在の家畜ヒツジが西アジアに起源していることを指し示している．西アジアは地中海性気候にある．地中海性気候の特徴は，夏乾・冬

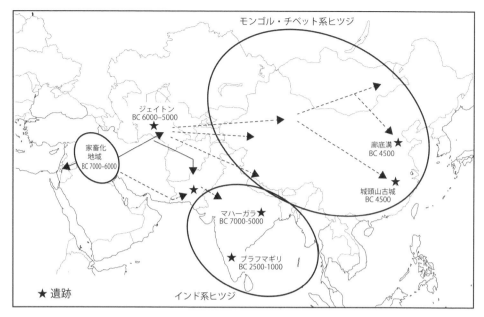

**図1　家畜ヒツジの伝播**

出典：角田（2009）「ヒツジ――アジア在来羊の系統――」，『アジアの在来家畜』名古屋大学出版会.

雨型の自然環境にあることである（図2）．冬に降る雨に反応し草本植物は出芽し，気温が徐々に上昇する春（2月下旬〜4月）にいっきに生育する．いわゆる植物のスプリングフラッシュである．子ヒツジは，この春のスプリングフラッシュの半月ほど前に出産のピークを迎える．ヒツジの出産は，11月頃から始まり，2月が最も盛んで，4月と5月まで続く．ヤギの出産はヒツジより少し遅れる．ヒツジ・ヤギの繁殖制御はまったく行わない．出産して半月ほどは，子ヒツジは主に母ヒツジの哺乳で育つ．つまり，子畜が出産して，本格的に草を採食し始める頃に，栄養価の高い新芽が草地に豊富にあることになる．西アジアでは，子畜は一年のうちで最も草資源が豊富になるように生まれてくるのではなく，子畜が草を採食し始める頃が最も草資源が豊富になるような時期に生まれてくるのである．まさにヒツジは西アジアの自然環境に適応した動物ということがいえる．

一方，北アジアのモンゴルでは，夏至を過ぎて日が短くなり始める頃から，種雄ヒツジに前当てをつけ，交尾を制御し，雌ヒツジの受胎を遅らせる（写真2）．

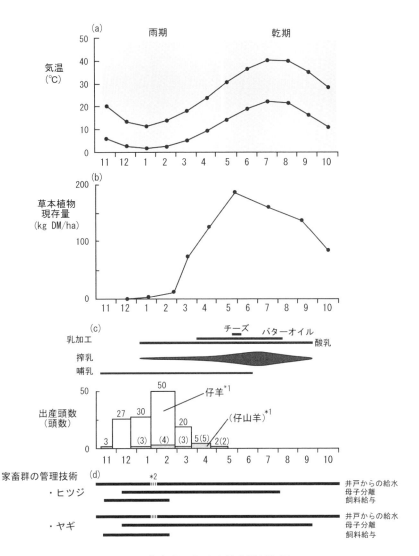

図 2 シリア北東部における最高最低気温 (a),
草本植物の地上部現存量 (b),
家畜の出産頭数,乳加工,搾乳,哺乳の時期 (c),
および,アラブ系牧畜民が家畜群を宿営地の近くに留める技術 (d)
*1: ヒツジ 210 頭,ヤギ 40 頭から生まれた子畜頭数(S 村,牧畜世帯 A における事例).
*2: 秋から春にかけて,降雨により牧野に水溜まりができる際,宿営地で給水しないことがある.出典:平田 (1999).

**写真 1　モンゴル遊牧民のヒツジ（左）とシリア牧畜民のヒツジ（右）**
左：モンゴル・ドンドゴビ県にて，右：シリア内陸部にて，筆者撮影．

**写真 2　交尾を制御するために種ヒツジに付けられた前当て**
モンゴル・ドンドゴビ県にて，筆者撮影．

出産を揃え，なるべく遅くに生まれるように繁殖管理しても，子畜が生まれるのは 3 月中旬から 4 月初めとなる（図 3）．この時期，モンゴルでは最も草資源が乏しい時期である．モンゴルでは植物のスプリングフラッシュを迎えるのは 5 月下旬である．つまり，子ヒツジの出産から牧野の草資源がよくなるまで実に 2 カ月ほども間がある．子畜は，母畜からの哺乳と乏しい草資源を採食し，5 月下旬

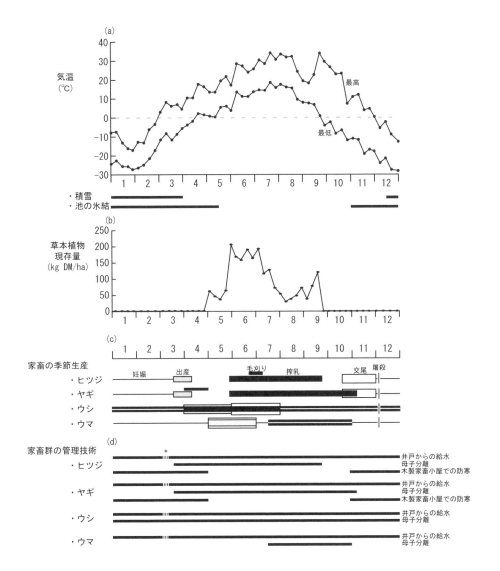

図3 モンゴル国中央部における最高最低気温（a），
草本植物の地上部現存量（b），
家畜の交尾・妊娠・出産・搾乳・毛刈り時期（c），
および，家畜群を宿営地の近くに留める技術（d）
＊：積雪の多い12月中旬から3月下旬かけて，家畜群は積雪を採食して日中に給水を求めて宿営地に戻ってこない場合がある．出典：平田ら（2009）．

までなんとか耐え凌ぐ．ここに，ヒツジの繁殖生理と北アジアの生態環境とに不調和が存在している．子畜が本格的に採食し始めるタイミングが，繁殖制御で最善を尽くしても，一年のなかで牧野の飼料資源が最もよくなる時期にはなっていないのである．つまり，モンゴルでの家畜ヒツジの出産は，北アジアの自然環境に適応していないということになる．これらのことから，家畜ヒツジは優れて地中海性気候に適応した繁殖パターンを示しており，北アジアの自然環境には家畜ヒツジの繁殖生理は今日もなお適応しきれていないといえる．繁殖生理の視点からも，家畜ヒツジは西アジアに起源し，北アジアに伝播してきたことを強く指し示している．

**西アジア起源の搾乳**

搾乳することを発明し，乳を利用することによって，ヒトは家畜に生活の多くを依存するようになり，牧畜という新しい生業が始まった．これは，内モンゴルでの遊牧民の現地調査の成果の一つとして，梅棹忠夫氏が約半世紀前に提唱した学説である（梅棹 1976）．乳の利用をきっかけに，牧畜という一つの生業が始まったとするのである．石毛（1992）は，「乳を利用することで，人は家畜に生活の多くを依存できるようになった．乳は栄養学的にみれば，完全食にちかい食品なので，乳と乳製品に依存して生活することが可能である」と述べる．乳の利用は，単なる食料資源としてではなく，一つの生業を誕生させるほど重要な人間活動なのである．ユーラシア大陸乾燥地域においては，「搾乳」こそ牧畜という生業を成立させた大きな要因の一つだったのである．

乳文化の研究から，搾乳と乳利用は西アジアで一元的に起源し，北アジアなど周辺地域へと伝播したことが示唆されている（平田 2013）．紀元前 8,500 年頃にはヒツジ・ヤギが西アジア地域で家畜化されたことはすでに指摘した．乳利用の開始に関しては，出土土器に付着した有機物の安定同位体分析により，少なくとも紀元前 7 千年紀には西アジア地域において行われていたことが明らかにされている（Evershed et al. 2008）．遺跡出土の動物骨を家畜種別・年齢別に分析した結果では，搾乳という食糧生産戦略は紀元前 8 千年期前半には同じく西アジアで開始されていた可能性が高いとも報告されている（Vigne and Helmer 2007）．これらの考古学的知見は，ユーラシア大陸において最も古い．つまり，人類が西アジ

アにおいてヒツジ・ヤギを家畜化して，あまり時間（1,000 年以内）をおかずに家畜化したヒツジ・ヤギから搾乳を西アジアで開始したことになる．搾乳は，西アジアで最初に始まった可能性がきわめて高いということがいえる．

搾乳の難しさという技術論，非搾乳地域の存在，ヒツジ・ヤギの野生種分布という動物生態学，栄養摂取における重要性という栄養学の視座からも，搾乳は西アジア地域で誕生し，西アジアから北アジアへと伝播したとする仮説が演繹的に導かれる（平田 2013）．谷（2010）は，「西アジアで開発された羊・山羊・牛牧畜が，搾乳と乳加工の技術とともに，広く旧大陸およびアフリカへと急速に伝播した」とまとめ，搾乳・乳利用と牧畜とがセットになって伝播し，新たな食料資源としての乳の利用が生活上にもたらした意義を指摘している．搾乳や乳利用という乳文化，そして，搾乳により成立する牧畜という生業の視点においても，乳利用をともなった牧畜は西アジアに誕生し，北アジアで二次的に展開したことを物語っている．

## 3　北アジア牧畜の型

### 西アジアと北アジアにおける牧畜民の生業構造

西アジアのシリアでは，モータリゼーションがおこる 1950 年頃までは，多くの牧畜民は季節的に長距離を移動する遊牧を行っていた（図 4）（国際開発センター 1992，古賀・Arab 1994）．高温・乾燥する夏期は，降水量がより多い農耕地帯のシリア西部・北部にラクダを利用して移動し，水と飼料資源（農耕残渣と野生植物）をもとめて放牧していた．低温・雨期になる冬期は，内陸の牧野に戻り，野生植物を主に採食していた．移動した先々には近距離に市場があり，必要物資は家畜・畜産物と交換してその都度入手していた．現在では牧畜民はほぼ完全に定着し，集落からの日帰り放牧を行うように変化している．シリア北東内陸部で牧畜を行うバッガーラ部族の事例では，定着しながら家畜を牧野や農耕跡地で放牧させ，地方都市との強い関係を保って生業を営んでいる．バッガーラの場合，定着集落から地方都市まで 25 km ほどである．11 月から 5 月にかけて生まれる子畜は，夏の乾期の間は牧野や農耕刈跡地で放牧して成長させ，牧野に飼料資源が乏しくなり始める 10 月頃には雄の子畜の多くを市場で売却してしまう．雄の

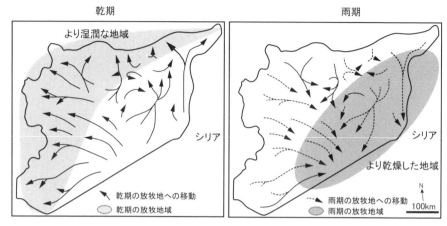

**図4　1950年頃までシリアで行われていたアラブ系牧畜民の年間移動**
出典：国際開発センター（1992）.

子畜は，将来的に種雄候補となる数頭のみを残しておく．大部分の雄は売却してしまうので，雄畜を去勢することはない．ただし，先導個体の候補となる雄のみ去勢はされる．200頭くらいの群れに，2～3頭の去勢雄の先導ヒツジがいる．定着集落周辺の平坦な土地には，オオムギを作付けした農耕地が広がる．[注1]　一つの集落には数十の定着牧畜民世帯が共存している．集落周辺に農耕地が広がるため，限られた自然草地を多くの世帯が利用することになり，しかも冬期には自然草地の飼料資源が乏しくなるため，冬期になる前に雄の子畜の大部分を売却してしまうのである．

**写真3　アラブ系牧畜民バッガーラ部族の昼食**
ヨーグルト，バター，バターオイル，砂糖，発酵平焼きパンが並ぶ．シリア内陸部にて，筆者撮影．

乳製品は，牧畜民にとって一年を通じて重要な食料となっている．とくに乳量の多い夏期は重要で，食料の多くを乳製品に依存することになる．朝食や昼食は，つくりたてのヨーグルト，バター，バターオイルにパンと紅茶であることも多い（写真3）．家畜を屠殺して肉を供することは少なく，祭日や大切な客人を迎えた時くらいである．乳製品は，繁殖率や泌乳能力の低下した成雌，皮革・毛などと共に近郊都市で定期的に売却し，コムギ粉や砂糖などの食料品，衣料や薬など，必要な生活物資をその都度購入するのにも利用される．定着牧畜民世帯では，牧夫を引退した年配者は，地方都市に日帰りで出て，賃金労働する場合も多い．家畜に全面的に依存しながらも，農耕民や都市域と関係を取りつつ，牧畜としての生業を成り立たせているのである．このように，近郊市場に一年を通じて強く依存し，放牧地も限られるという生態環境において，家畜を去勢することなく，雄畜を半年齢で市場に売却し，乳製品と農産物に大きく依存する生業戦略を取るのが西アジアの牧畜の型である．

一方，北アジアのモンゴルでも，牧畜民は長距離移動を行ってきた．図5に，清王朝時代にモンゴル中央部のハンガイ山脈と南西部のアルタイ山脈の間を年間移動していた事例を示した（Sneath 1999）．牧畜民は自ら農耕を行うことなく，季節ごとに広大な草地を移動して家畜を放牧させてきた．北アジアでは，冬期は−40℃ほどにも気温が低下する．この厳寒期には，より暖かい南方の牧野（アルタイ地域）を目指して牧畜民は移動する．北アジアの内陸部は大陸性気候で，夏に降雨があり，気温も上昇し，野生植物が生育して牧野の植生がもっとも豊かになる．この一年で最も飼料資源のよい時期に，北方の牧野（ハンガイ地域）へと移動する．その移動距離は，ラクダ群で600 km/年，ウシ群で300 km/年ほどとなる．夏期のハンガイ地域には，寺院や市場が位置している．牧畜民は夏期に寺院や市場の近くの牧野に戻り，乳製品などの畜産物や家畜を寺院に納めたり，市場で生活必需品と交換したりしていた．

北アジアの牧畜で特徴的なことは，一年を通じて肉の摂取量が多いことである．夏期では肉の摂取量が全体の3割ほど，冬期には半分弱ともなる（平田 2012）．肉となる家畜を確保しておくために，家畜の雄は去勢して家畜群に留める．北アジアには広大な草地があり，牧畜民世帯も少ないことから，多頭数の家畜を手元に留めておくことが可能となる．冬期に肉の摂取量が増えるのは，草地の飼料資

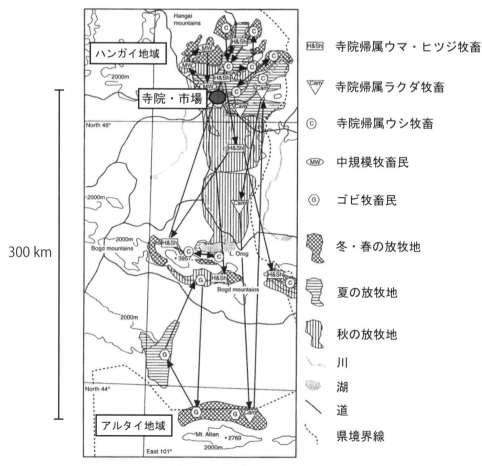

図5 モンゴルにおける清王朝時代の長距離移動
出典:Sneath (1999).

源が乏しくなり,搾乳量が少なくなること,もしくは,搾乳できなくなるためであり,その分を肉に依存することによる.冬期に草地の飼料資源が乏しくなり,家畜が痩せ細ってしまうため,初冬にまとまった数の家畜を屠殺する.この時期,最低気温は−20℃を下まわり,肉は自然に凍って,冬期の間中は冷凍保存することができる.冬期の肉は,この初冬に屠殺した家畜の肉を利用する.

このように,北アジアで乳製品や肉に食料の多くを依存するようになるのは,

広大な草地が存在し，牧畜民世帯が少数であるため，それぞれの世帯が家畜を多頭数飼養できること，また，近くに市場がないことから，より自給的な生業にならざるをえないためである．近郊市場との疎遠，放牧地の広大さという生態環境，疎密な牧畜民世帯という社会環境において，雄を去勢してより多くの家畜を手元に留め，乳製品と肉に生活の多くを依存し，より自給的な生業へと発達したのが北アジアにおける牧畜の型である．

## 西アジアにおける家畜群を近くに留める技術

　西アジアでは，家畜群を宿営地の近くに留めさせる技術として，1）家畜は放牧し慣れている場を好み，その場内に留まることを好むこと，2）家畜は自分の帰って行く場所（家畜自らが夜間に休息する家畜囲いや宿営テント）を覚えているという家畜の習性を土台に，3）貯水タンクからの給水，4）母子分離，5）冬期の補助飼料給与，6）家畜群に牧夫が常に付き従って群れを誘導することにより，家畜群を近くに留めさせている．季節的には，冬から春，夏にかけての母子分離期間は，「母子分離－搾乳－哺乳」「給水」「家畜群帯同－群れの誘導」による技術を，秋から冬にかけての非母子分離期間は，「給水」「家畜群帯同－群れの誘導」「補助飼料給与」による技術を用いているとまとめることができる（図2）（平田 2011）．

　家畜は放牧し慣れている場を好み，その場内に留まる傾向にある．そして，家畜は自分の帰って行く場所を覚えているという習性があることが，多くの調査研究により報告されている（太田 1987，鹿野 1999，平田 2011，波佐間 2015）．西アジアのシリア内陸部で牧畜を行うバッガーラ部族も，この家畜の慣習性をうまく利用して，家畜群を誘導している．西アジアの家畜群の誘導で重要なのは，牧夫が家畜群の先頭を行き，目的地に移動する際は牧夫が常に家畜群を誘導することである．先頭を行く牧夫に家畜群を追従させるために，家畜のなかで牧夫と親和性の強い個体をアラブ系牧畜民はつくりあげる．ヒツジ・ヤギなどの家畜には，集団で行動しようとし，互いに追従するという社会的性質を持つ．牧夫に付き従う先導家畜を数頭つくれば，この家畜の社会性を利用し，先導個体に他の家畜がつられ，家畜群全体が牧夫に誘導されることになる．アラブ系牧畜民は，この先導個体を利用し，家畜群の先頭を行き，群れを誘導しているのである．バッガーラの場合，雄家畜を去勢し，先導個体にする．バッガーラは，先導家畜を利用し

ながら家畜群を誘導し，宿営地から 5 km 圏内を日帰り放牧させている．目的地とする放牧地はそれぞれの日毎に決めており，ローテーションさせながら草地を順次利用していく．家畜の方でも目的地となる草地の位置や方角を理解しており，この家畜の慣習性を牧夫は最大限に利用し，スムーズに日帰り放牧を実現させている．

　地中海性気候にある西アジアでは，夏期は炎天下 40℃を超え，湿度は 20% ほどに低下する（図 2）．家畜群は放牧から帰ってくると，家畜囲いの脇にある貯水タンクの水をめがけて，走って戻ってくる．秋から冬にかけては，井戸からの給水とともに，牧畜民は家畜に補助飼料を給与して，家畜群を宿営地の近くに留まらせようとする．秋から春にかけては草地の草資源が最も乏しくなり，夏に収穫したオオムギの穀実とワラとを家畜群に給与する．冬期に放牧しても家畜は十分な飼料を採食できず，宿営地で給与する穀実とワラとを競って採食する．秋・冬期の草地に飼料資源が乏しくなる期間は，飼料給与が家畜群を宿営地の近くに留めさせている．

　飼料給与しない春から夏にかけては，搾乳の時期となる．搾乳するためには，母畜から子畜が哺乳しないように，母子畜を隔離しておく必要がある．母畜群は草地へと日帰り放牧させ，子畜群は宿営地の近くで放牧させることになる．成畜群が宿営地の近くになると，母畜は走るように宿営地に戻り，子畜の鳴き声と匂いを確かめてから，子畜に哺乳する．搾乳する期間は，母子分離が成畜を宿営地の近くに留めるために利用されている．

　このように，西アジアでは，家畜の慣れ親しんだ場への慣習性，給水，母子分離，補助飼養給与，家畜群への帯同により，家畜群を宿営地の近くに留めている．とくに，給水と補助飼料給与は西アジアの地中海性気候に，家畜群への帯同は西アジアの土地利用の状況に適応した牧畜の型ということになる．

## 北アジアにおける家畜群を近くに留める技術

　北アジアの家畜群を宿営地近くに留めさせる技法の特徴は，1）家畜は放牧し慣れている場を好み，その場内に留まることを好むこと，2）家畜は自分の帰って行く場所（遊牧民のテントであるゲルや固定式木製家畜小屋ホロー）を覚えているという家畜の習性を土台に，3）井戸からの給水，4）母子分離，5）補助飼

料給与に加えて，6) ホローによる防寒，7) 双眼鏡で定期的に家畜の所在を確認し，必要に応じて群れに介入することにより，家畜を常に近くに留めさせることを実現させている（平田 2011）．季節的には，晩冬から春，夏，初冬にかけての母子分離期間は，「母子分離－搾乳－哺乳」「給水」「目視観察－群れの誘導」により，何らかの要因で搾乳を行わない場合は「給水」「目視観察－群れの誘導」により，冬の厳寒期に当たる非母子分離期間は，「給水」「防寒」「目視観察－群れの誘導」により，場合によっては「補助飼料給与」による技術を用いているとまとめることができる．

　北アジアの放牧管理で特徴的なのは，放牧に牧夫が常に付き従わないことである．朝に成畜群の方から放牧に出ようとし，夕方には成畜群の方から自ら戻ってくる．日中は，牧夫は必ず近くの岩場の高台に出かけ，望遠鏡で成ヒツジ・ヤギ群の位置を確認する．成畜群が毎日放牧している領域に留まっているならば，そのまま放牧を続けさせる．もし，成畜群が放牧領域から外れたり，別世帯の遊牧民の所有する群れと交わったり，宿営地に戻るのが遅れそうになると，ウマに乗り群れに介入しにいく．成畜群は宿営地に戻ってくるのが遅れそうになることが多く，牧夫や妻，子どもたちはたいてい何らかの放牧群への介入を行っている．成畜群は，基本的には普段放牧し慣れている場を好み，その場内に留まろうとする．この家畜の慣習性を利用し，家畜群に牧夫が常に付き従わないことを可能にしているのは，広大な草地を疎な家畜密度で利用しているからである．北アジアのステップという広大な草地が存在するからこそ，疎な家畜密度で草地を利用することができ，結果として牧夫は家畜群の放牧に常に付き従わなくても許される状況となっている．広大な草地という北アジアの特性が，家畜群の放牧に常に付き従わないという北アジアの牧畜の型を形成しているといえよう．

　この広大な草地の存在が放牧管理を粗放的にすることは，極北地域においても確認されている．シベリアのトナカイ牧畜においては，牧夫が想定した放牧領域内にトナカイ群がいるならば，夏期には1カ月半ほどもトナカイ群に牧夫が近づかないという（高倉 2000）．高倉は，牧夫側が設定した放牧領域に家畜を配置・解放する群管理技術を解放放牧と呼ぶ．極北地域のような更に広大な草地で疎な家畜密度の状況になると，長期的に解放状態にしても家畜群が混ざり合う心配がなくなり，日単位の自由な放牧から数カ月単位の自由な放牧へと群管理がより粗

放的になりえる．このように，極北地域のトナカイ牧畜の事例も，草地の広大性と疎な家畜密度が放牧管理を粗放的にすることを指し示している．

搾乳が開始される5月下旬は，気温の上昇とともに植物が伸長する（図3）．豊富な野生植物を母畜は十分に採食し，泌乳量も増え，搾乳が開始されることになる．搾乳は，ヒツジで9月下旬まで，ヤギで11月上旬まで，ウシでは通年，ウマでは10月下旬まで行われる．ウシは搾乳が通年可能ではあるが，草地に草資源が乏しくなる冬期は搾乳されないことの方が多い．搾乳するためには，母子分離が行われる．母畜は，出産していない個体と一緒にされ，一つの成畜群として日中は放牧に出る．子畜群は宿営地の近くで日中は放牧される．母畜からの搾乳，および，搾乳に続いて行われる子畜への哺乳は，母畜が放牧に出る前と放牧から帰ってきた時の朝夕2回行う．北アジアにおいても，春から秋にかけての搾乳期間は母子分離が家畜群を宿営地の近くに留めさせるために利用されている．

搾乳を行わない時期，つまり，11月から5月下旬は，母子分離も行われなくなる．搾乳を止めたならば，母子を終日一緒にし，一つの群れとして放牧に出すようになる．10月下旬になると，夜には気温が－20℃くらいに落ち込むようになる．夕方4時頃に，放牧から帰ってきた母子混成ヒツジ・ヤギ群は，再び放牧に出ようとはせず，ホローのなかに留まろうとする．夜間はホローのなかに留まって，寒さから身を防ぐのである．夜をホローのなかで過ごし，朝方10時半頃，暖かくなり始めた頃に，ヒツジ・ヤギ群は再び乏しい植物を求めて牧野に自ら放牧しに出かける．ヒツジ・ヤギ群がホローのなかで夜間に留まろうとするのは，最低気温が0℃付近に戻る4月末くらいまで続く．母子分離の技術を利用できなくなった搾乳停止以降，夜間の「ホローによる防寒」という技術を牧夫は利用し，ヒツジ・ヤギ群を宿営地の近くに留めさせているのである．

更に，ヒツジ・ヤギの群管理でもう一つ重要な技術がある．家畜への給水である．厳寒期の冬期，朝方10時半頃，ヒツジ・ヤギ群はホローから自ら進んで放牧に出る．午後1時過ぎ，ヒツジ・ヤギ群が水を欲しがって宿営地に戻ってくる．牧民は塩分を含んだ水を汲み上げて家畜に与える（写真4）．池などの地表水が凍り上がり，ヒツジ・ヤギ群が地上水を自由に飲むことができないため，牧夫に水を求めて宿営地の井戸近くに戻ってくる．給水は，冬の厳寒期だけでなく，夏の熱い時期も行われている．夏の母子分離期間にも，ヒツジ・ヤギ群に1日2回給

写真 4　ヒツジ・ヤギへの給水
モンゴル・ドンドゴビ県にて．筆者撮影．

水する．1回目は放牧に出る前の朝，2回目は日中の午後1時過ぎにヒツジ・ヤギ群が水を欲しがって宿営地に戻ってきた際，牧夫は井戸から塩分を含んだ水を汲み上げてヒツジ・ヤギ群に給水する．このように，一年を通じて「給水」という技術を用いてヒツジ・ヤギ群を宿営地の近くに留めているといえよう．

このように，北アジアにおける家畜を宿営地の近くに留める方法は，5月下旬から11月上旬ごろまでは母子分離，冬の厳寒期にあたる非搾乳期間には，厳寒さを利用し，「給水」と「防寒」とによっている．モンゴルは厳寒な時期が一年の半分も占めるアジア大陸北方域に位置しており，この厳寒な自然環境を逆に家畜管理に利用していることがモンゴル遊牧民の生業の特徴となり，北アジアの牧畜の型を形成しているといえよう．

## 北アジアにおける乳文化の型

現在の西アジア地域でみられる乳加工は，発酵乳系列群と呼ばれる技術が主と

なっている．発酵乳系列群とは，中尾（1972）が世界の乳加工技術を分類した四類型の一つである．  生乳を先ず乳酸発酵させて酸乳にし，酸乳をチャーニングしてバターを加工し，バターを加熱してバターオイルを加工して乳脂肪を分離し，チャーニングした際に生成したバターミルクは加熱凝固・脱水・天日乾燥してチーズを加工する乳加工技術である（図 6-a）．静置，加熱，チャーニング，脱水のみのシンプルな加工ではあるが，生乳から乳脂肪と乳タンパク質を分離し，保存することを成し遂げている．

　乳文化は西アジアに一元的に起源し，周辺地域へと伝播したことはすでに議論した．それでは，西アジア型の発酵乳系列群の乳加工技術が北アジア地域に伝播すると，北アジアでどのように乳加工技術が発達していったのであろうか．北アジアでの乳加工技術の変遷過程と，北アジアで特徴的に発達させていったその要因について考えてみたい．

　北アジアの乳加工技術の特徴は，1）生乳からクリームを積極的に分離していること，2）クリームの加熱によりバターオイルを加工していること，3）凝固剤に酸乳を利用してチーズを加工していること，そして，4）酸乳酒，および，蒸留酒を加工していることにある（図 6-c）．現在の南方乳文化圏（西アジア地域と南アジア地域）でみられる発酵乳系列群の乳加工技術と北方乳文化圏（北アジア地域と中央アジア地域）でみられるクリームの分離を中心とする乳加工技術とは，あまりに乳加工技術の内容が異なりすぎている．しかし，北方域の冷涼性という生態環境要因を考慮に入れ，乳加工技術の伝播・変遷という視点から分析すると，西アジアと北アジアの乳加工技術は強い関連性が示唆されるのである．

　西アジア型の発酵乳系列群の乳加工技術は，北アジアにおいては生乳から最初にクリームを分離する加工技術へと変遷することになる．北アジア地域では冷涼な自然環境にあるため，乳酸発酵の進行が遅く，生乳を加熱して静置し酸乳にする間にクリームが浮上してしまうようになる（図 6-b）．モンゴルでは最も暑い時期でも月平均最低気温が 20℃を下まわり，平均気温も 20℃を超えるのは夏の 1 カ月ほどしかない．気温の低下にともなって乳酸発酵が抑えられ，酸乳化の進展がより遅くなるに従ってクリームの浮上がより優勢となる．ユーラシア大陸の冷涼な北方域でクリーム分離系列群が発達するのは，脂肪は比重が小さく，静置しておけばクリームが浮上するという乳の特性上，むしろ必然なことであったと

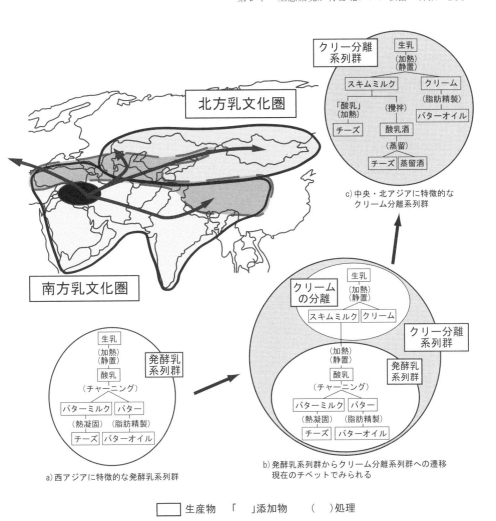

図6　発酵乳系列群からクリーム分離系列群への変遷
出典：平田（2013）より改変．

も考えられる．この発酵乳系列群からクリーム分離系列群への変遷はチベット高原地域，シリア北部，コーカサス地域などでも認められている（平田 2013）．

次に，冷涼性ゆえにチャーニングする過程でバターと共に酸乳酒が生成するようになる．夏期でも 14 ～ 16℃の低中温状態を保つことができれば，酵母が順調に活動し，1 日でアルコール含量が約 1％の乳酒となる．チャーニングすることにより酸乳酒が生じることが認知されると，クリームを分離した後のスキムミルクから酸乳酒を生じさせるようにアルコール発酵の技術を積極的に利用するように特化していく（図 6-c）．チャーニングの目的がバター加工からアルコール発酵へと転化していくのである．酸乳酒が生じると，蒸留の技術を適用させて蒸留酒を加工するようになる．クリームは，加熱するだけでバターオイルになり，クリームをわざわざチャーニングしてバターを加工する必要もなくなる．いずれかの時期に，何らかの理由により，強酸乳を生乳に添加すると凝乳が生じることを知り，乳加工体系に取り入れられることになる．凝固を促進させるために，凝乳を加熱して熱凝固を促し，脱水してチーズとして保存する技術が成立していく．

以上の変遷過程を主に経ると，現在の北アジア地域のモンゴル系諸集団で広く採用されている乳加工技術となる．こうした西アジア型の発酵乳系列群から北アジア地域に認められる乳加工技術へと変遷させた主要因は，まぎれもなく「冷涼性」である．冷涼性であるからこそ，クリーム分離系列群やアルコール発酵が発達することになる．北アジア地域の乳加工技術の特徴は，クリーム分離，アルコール発酵であることを先に指摘した．クリーム分離やアルコール発酵は，冷涼な北アジア地域に伝わり，必然的に発達した技術であったといえるのである．乳文化は西アジアに一元的に起原し，北アジアに伝わった．西アジアでは暑熱性のために生乳を先ず酸乳にして保存性を高めることが何よりも優先されるが，北アジアでは冷涼性のために，酸乳に加工する必然性から解放され，クリーム分離系列群，アルコール発酵，酸乳添加によるチーズ加工へと変遷していったのである．この冷涼性こそ，北アジアに特徴的に発達した乳文化の型を形成しているといえよう．

## 北アジアの乳文化の多様性

家畜群管理や乳文化には北アジア内での地域多様性があり，集団による自由な取捨選択が内在している（平田 2010）．乳加工技術は，加工・分離・保存しよう

とする乳製品の視座から分類すると, 1) 乳脂肪の分離, 2) 乳タンパク質の分離, 3) 炭水化物（乳糖）を分解してから分離する技術に集約される．先ず乳脂肪の分離では, 北アジアにおいてはクリームを分離する系と発酵乳をチャーニングしてバターを分離する系の2つの乳加工技術が存在している．クリームを分離する系としては, 非加熱のままクリーム分離する系列が青海省, 内モンゴル, モンゴル東部・北部, 新疆ウイグル自治区北部に, 加熱してからクリーム分離する系列が内モンゴルからモンゴルにかけて広く採用されている．非加熱のままクリーム分離する系列がモンゴル中央部から新疆ウイグル自治区にかけて欠落しているのは, 現在ではモンゴル国の多数を占める集団となったハルハ, および, オイラト系の諸集団の多くがこの技術を採用していないためである．結果として, 非加熱のままクリーム分離する系列は北アジアの周辺域に残存した状況となっている．一方, 発酵乳をチャーニングしてバターを分離する系列としては, 発酵乳のチャーニング, チャーニングよるバター生成をともなったアルコール発酵がモンゴル中央部を除き, 北アジアに広く分布している．発酵乳のチャーニングがモンゴル中央部で欠落しているのは, 多くのハルハがバター生成をともなうこれらの技術を利用していないためである．生乳から乳脂肪を分離するには, 非加熱のままクリーム分離する系列, 加熱してからクリーム分離する系列, 発酵乳をチャーニングする系列の一つを採用していれば必要を成すが, ハルハ, ブリヤート, ドルベド以外の集団はそれぞれの技術を重複して持ち合わせている．

　乳タンパク質の分離は, 乳酸発酵, アルコール発酵, 酸乳を添加する3つの系を利用している．乳酸発酵させてから加熱して乳タンパク質を凝固させる系列は, 西部のオイラト系集団を除いて, 北アジアで広く採用されている．アルコール発酵させた酸乳酒を加熱して蒸留酒を得る際, 酸乳酒に含まれる乳タンパク質が凝固し, 脱水すればチーズが得られることになる．このアルコール発酵にともなったチーズ加工は, 北アジア全域に採用されており, モンゴル系諸集団の間で広く共有された技術となっている．乳に酸乳を添加すれば, 酸性度が変化することにより, 乳タンパク質は凝固する．加熱による凝固を促し, 脱水すればチーズが得られる．この酸乳添加によるチーズを加工する系列は青海省のデートモンゴルの事例には報告されておらず, それ以外のすべての事例では採用され, 北アジアのモンゴル系諸集団の間で広く共有された技術となっている．

そして，アルコール発酵は乳中の炭水化物（乳糖）を分解・分離する技術である．たいてい，アルコール発酵と乳酸発酵とにより生じた酸乳酒を加熱することにより蒸留酒を保存する．乳糖の場合は，そのまま利用するとモンゴル系諸集団の大人は乳糖を分解できず，下痢をしてしまう．この乳糖不耐症が北アジアではみられるために，乳糖をそのまま分離・保存するのではなく，分解してから分離・保存するのである．北アジアでは，その主な分解方法としてアルコール発酵を巧みに利用している．アルコール発酵の系列も北アジアのモンゴル系諸集団の間で広く共有された技術となっている．

北アジアのモンゴル系各集団は，これらの技術の幾つかを自由に取捨選択し，組み合わせて乳加工体系を成り立たせている．北アジアの「冷涼性」が，クリーム分離系列群，アルコール発酵，酸乳添加によるチーズ加工という北アジアに特徴的な乳文化のあり方を基本的に方向付けた．そのなかで，モンゴル系諸集団の人びとが，乳加工技術を自由に選択し，それぞれの集団独自な乳文化を発達させていった．北アジアの乳文化の事例は，生態環境が大きく牧畜の型を規定するが，現地の人びとがそれぞれに選び取りながら牧畜の型を形成していることを示している．

## 4　北アジアの冷涼性

本章では，生態環境に着目して北アジアの牧畜の型を検討し，北アジア牧畜の型に影響を与えた要因を抽出してきた．その結果,「冷涼性」「草地の広大性」「疎な家畜群れ密度」「近郊市場との疎遠」という生態環境・社会環境が，西アジアからの影響（伝播）を受けながらも，北アジアの牧畜の大きな枠組みを特徴的に規定していったと考えられた．そして，モンゴル系諸集団の乳加工技術の多様性でみられたように，各集団が自由に文化を享受することにより，集団毎の特殊性を形成させていた．牧畜の型は，地域の生態環境に強く影響させられながらも，その地域で生業を行う人びとの意志により選択されて，それぞれの地域で牧畜の型は形成しているといえよう．

北アジアの冷涼性は，植物生育，家畜繁殖管理，放牧管理，乳文化に深く影響し，生態環境のなかでももっとも大きく牧畜の型の形成に影響を及ぼしていた．モン

ゴルでは11月から5月中旬頃まで表層水が凍り上がる．つまり，一年の半分は，モンゴル草原は氷で覆われていることになる．この冷涼性こそが，北アジアに特徴的に発達していった牧畜の型を形成しているといってよい．北アジア牧畜の生業を把握しようとする際，厳寒な時期が一年の半分も占めるアジア大陸北方という冷涼地帯で人びとは生業を営んでいることを忘れてはならない．


注
1) オオムギの播種と収穫は，外部業者に委託して行う．収穫したオオムギの穀実とワラとは，冬期に補助飼料として家畜に給与するのに用いられる．
2) 中尾が適した乳加工技術の分類モデルとは，①生乳をまず酸乳にして加工が展開する発酵乳系列群，②生乳からまずクリームを分離してから加工が展開するクリーム分離系列群，③生乳に凝固剤を添加してチーズを得る凝固剤使用系列群，④生乳を加熱し濃縮することを基本する加熱濃縮系列群の4類型である．中尾は，1番目の系列群を酸乳系列群と名づけたが，この系列群には乳酸発酵だけでなくアルコール発酵も含まれるので，著者は発酵乳系列群と呼び換えて適用している．
3) 原料乳がウシ乳，ヒツジ乳，ヤギ乳，ラクダ乳の場合は，アルコール発酵のためのチャーニングにともなってバターが生成する．原料乳がウマ乳の場合は，乳脂肪含量が低いため，バターは生成しない．
4) 文献報告では，オイラト諸集団の乳加工技術の説明に不明瞭な点が多い．オイラト諸集団が乳酸発酵させてから加熱して乳タンパク質を凝固させる系列を利用していないことについては，今後の更なる調査研究が必要である．

文献一覧
石毛直道
　　1992「乳利用の文化史」，雪印乳業健康生活研究所編『乳利用の民族誌』：9-21頁，中央法規出版．
梅棹忠夫
　　1976『狩猟と遊牧の世界』，東京：講談社．
太田 至
　　1987「牧畜民による家畜放牧の成立機構——トゥルカナ族のヤギ放牧の事例より」，『季刊人類学』（千里文化財団）13 (4): 18-56頁．
角田健司
　　2009「ヒツジ——アジア在来羊の系統——」，『アジアの在来家畜』：253-279頁，名古屋大学出版会．
古賀直樹・Arab G.
　　1994「アフリカの乾燥・半乾燥地帯における草地の資源変動の解明と保全技術の開発——4 資源評価，潅木伐採および人文地理学的調査」，『1994年度試験研究成績』（国際農林水産業研究センター）．
国際開発センター
　　1992『地球環境のための農業資源管理計画基礎調査報告書 平成3年
　　度過放牧による草地の荒廃，シリア・ケニア・ボリビア』，東京：国際開発センター．
高倉浩樹
　　2000『社会主義の民族誌——シベリア・トナカイ飼育の風景』，東京：東京都立大学出版会．

谷 泰
　　2010『牧夫の誕生』，東京：岩波書店.
中尾佐助
　　1972『料理の起源』，東京：日本放送出版協会.
鹿野一厚
　　1999「人間と家畜との相互作用からみた日帰り放牧の成立機構——北ケニアの牧畜民サンプルにおけるヤギ放牧の事例から」，『民族學研究』64 (1): 58-75 頁.
波佐間逸博
　　2015『牧畜世界の共生論理——カリモジョンとドドスの民族誌』，京都：京都大学学術出版会.
平田昌弘
　　2010「北アジアにおける乳加工体系の地域多様性分析と発達史論」，『文化人類学』75(3): 395-416 頁.
　　2011「モンゴル高原中央部における家畜群のコントロール——家畜群を近くに留める技法——」，『文化人類学』76 (2): 182-195 頁.
　　2012「モンゴル遊牧民の食料摂取における乳・乳製品と肉・内臓の相互補完性〜ドンドゴビ県のモンゴル遊牧民世帯Tの事例を通じて〜」，『文化人類学』77 (1): 128-143 頁.
　　2013『ユーラシア乳文化論』，東京：岩波書店.
平田昌弘・岸川沙織・近藤昭彦・山中勤・開發一郎・ダムディン バトムンフ・本江昭夫
　　2009「モンゴル高原中央部における植物の生育に影響を及ぼす自然環境の諸要因の分析」，『沙漠研究』19 (2): 403-411 頁.
本郷一美
　　2013「動物骨」，西アジア考古学講義ノート編集委員会編『西アジア考古学講義ノート』（日本西アジア考古学会）：95-96 頁.
万年英之
　　2009「ヤギ——東アジアの在来ヤギ——」，在来家畜研究会編『アジアの在来家畜』：281-300 頁，名古屋大学出版会.
Evershed, R.P., S. Payne, A.G. Sherrat, M.S. Copley, J. Coolidge, D. Urem-Kotsu, K. Kotsakis, M. Özdoǧan, A.E. Özdoǧan, O. Nieuwenhuyse, P.M.M.G. Akkermans, D. Bailey, R. Andeescu, S. Campbell, S. Farid, I. Hodder, N. Yalman, M. Özbaşaran, E. Biçakci, Y. Garfinkel, T. Levyan and M.M. Burton
　　2008　Earliest date for milk use in the Near East and southeastern Europe linked to cattle herding. *Nature* 455: 528-531.
Köppen, W.
　　1936 *Das geographische System der Klimate*, Berlin: Borntraeger.
Vigne J.-D. and Helmer D.
　　2007　Was milk a "secondary product in the Old World Neolithisation processes? Its role in the domestication of cattle, sheep and goats. *Anthropolzoologica* 42(2): 9-40.

# あとがき

　本書は 2015 年 12 月に行われた東北大学東北アジア研究センター設立 20 周年を記念事業として行われた国際シンポジウムがもとになっていることは冒頭でも述べたとおりである．出版の経緯についてはすでに記したので，ここではなぜ私がこのような人類学と考古学をつなぐような企画を考えるようになったのか，その背景について述べたいと思う．

　東北アジア研究センターは 1996 年に発足したが，編者である私はそれから 4 年後の 2000 年 10 月から，縁があってこの研究所組織で勤め始めた．設立当初は，教員は学内のさまざまなキャンパスに点在していたらしいが，私が着任したころには，現在の川内北キャンパスに教員がそろい日常的に接する形で研究・教育活動が行われるようになっていた．

　文系の学部と大学院組織で教育を受けてきた私にとって，文理融合を掲げる地域研究の組織は文字通り異文化だった．就職した後，同僚の工学系の先生に，「高倉君，これからは応用地域研究だよ」と言われ，「それは何ですか」と聞くと，技術移転研究をベースにしたロシアの科学技術と日本の企業を結びつける事業だと言われて，大変ショックを受けたことを今でも覚えている．研究センターの半分は理学や工学で，半分は言語学や歴史学系の研究者だった．だから実際のところどのように文理融合研究ができるのか，私自身は半信半疑だった．ただ他の先生方と話をしていると，何ができるかどうかわからないが，とにかく挑戦してみようという熱気があったことは覚えている．

　そんななかで自分なりに文理融合とまではいかなくても学際的な地域研究を行うと東北大学での研究活動を開始したのだった．私の専門は社会人類学であるが，東北大学のなかには文学研究科，教育学研究科，国際文化研究科に文化人類学を専門とする教員がおり，彼らとは違う方向の研究をした方がいいだろうという思いもあった．最初はセンター内のロシア史やモンゴル史の同僚と共同研究を行い，近現代史や現代の政治的状況を踏まえながら民族誌研究を行うことの面白さを実

感した．ただ一方で，人類学の調査成果は，あくまで通常語られる政治体制や歴史解釈のオールタナティブとして位置づけられるという点に若干の不安と不満が残ったのも事実である．

　大きな転機は，2008 年から京都にある総合地球環境学研究所のシベリア・プロジェクトへ参加したことであった．このプロジェクトは気候変動のシベリアの影響を自然科学と社会科学で解明することを目的としたものであり，衛星による環境情報，現地での水文や気象情報の観測，そして人類学的フィールドワークによる社会文化にかかわる民族誌情報を総合化することを目指した．その成果はさまざまな形で公表されているのでここでは触れない．しかしこの経験で得た感覚は，先に述べた人文知におけるオールタナティブとしての人類学の可能性ではなかった．さまざまな異分野の専門家と学術的問いを共有し，互いにその知見に相互関連づけながら課題を明らかにすることの知的可能性であった．それは同時に国際的な意味でも強い発信性をもちうるものだった．

　このような経験のなかで本書のもととなったシンポジウムのセッションを企画したのである．私の民族誌調査の現場は，シベリアのトナカイ牧畜や牛馬牧畜の先住民社会である．彼らの現在を理解するためには，ロシアの歴史や社会主義的近代化，現在の資源政治などの人文総合的な地域研究を理解しなくてはならない．また地球温暖化は確実にこの人々の社会や文化に大きな影響を与えつつあり，それは文理融合的な気候変動研究の成果を接合させることが必須である．そのうえで，私が現在関心をもっているのは，なぜ彼らがこのような極寒の環境に暮らし始めたのかということである．アフリカ起源のホモ・サピエンスがどのような文化を駆使しながら寒冷環境に暮らし始めたのかというのが，フィールドの現場に端を発する問いなのである．そのためには考古学との連携さらに自然人類学・遺伝学や古環境研究などとの協力が必要だろうと考えている．その最初の取組として「東北アジアの人類誌と環境適応」セッションを編み，その成果が本書となったのである．

　いうまでもないが，本書の寄稿者と上記に述べた私の個人的思いは共有しているわけではない．本書の執筆依頼は，あくまでの東北アジアという寒冷環境への人類文化史解明にかかわる問いを考古学・人類学・牧野生態学それぞれの立場から考察してほしいということである．ただいずれの論文も従来の関係分野にはな

かった論考と新しい視座の提案になっていると思う．この点において編者の企図はそれなりに達成されたのではないかと感じている．同時に，今後の課題もまた見えてきた．

　最後になるが，本書の企画の元になったシンポジウム・セッションの実現を支えてくれた東北大学東北アジア研究センター URA（当時）の前田しほ氏，町 澄人氏，さらに同コラボレーションオフィスの畠山 瑞さん，熊谷 香さんに感謝申し上げたい．彼らの献身的な尽力なしではシンポジウムは実現しなかったし，そこでの実りのある議論がなければ本書を作ることはできなかった．またこのような企画を構想し，出版にまで実現できたのは岡 洋樹前センター長の牽引力の賜であることを，感謝を込めて，最後に付しておきたい．

2017 年初冬

編者

# 索 引

**あ行**
アイスジャム洪水　52
アイデンティティ　49
アイヌ　44
アルタイ　5
イオル　27
威信材　37
遺伝学　viii
筌　83
栄養学　98
エヴェンキ　52
役畜　90
塩分　88
オビ川　70

**か行**
階層　34
解放放牧　105
回遊　11
河岸段丘　52
拡大家族　74
家畜化　74, 93
家畜密度　105
蚊遣火　78
川筋　43
環北太平洋　vii
環境可能論　36, 37
環境決定論　iii
環境制約　66
完新世　64
気候変動　vi, 2
騎乗　89
季節移動　82, 92
給餌　85
給水　104
境界　43
去勢　100
儀礼　30
クラン　74

**さ行**
クロービス　20
群居性　85
経済類型　53
毛サイ　2
現金収入　76
高緯度　39
交易　25
交換　80
更新世　4
交尾　94
後氷期　1
古環境　54
黒曜石　21
骨格器　13

**さ行**
サーリンズ　36
災害　49
最寒冷期　12
刺網　83
サハ　50, 61
サハリン　15
資源枯渇　42
市場（しじょう）　99
自然災害　49
ジャガイモ　78
銃　33
修正主義　v
集団化　75
首長　v, 35, 39
順化　87
商業知行制　41
使用痕　13
植民地主義　26
史料　29
飼料　99
針葉樹　70
森林火災　51
水産資源　37

スクレイパー 14, 17
ステップ 54
生存戦略 26
生態系サービス 66
先住民 38
先導 100
橇 88

た行
知行制 41
チャーニング 110
チュクチ 72
長距離移動 11, 101
貯蔵庫 80
ツンドラ 55, 72
電撃戦モデル 18
伝播 93
土壌崩落 51
屠畜 102

な行
乳（にゅう） 55, 98
乳文化圏 108
ネネツ 72
年齢 98

は行
バイオマス 63
バイカル湖 14, 50
排他的 83
剥離具 4
場所請負 34
繁殖 93
ハンティ 73
バンド 31
ビーナス像 21
氷床 60
平等主義的 iv
フィン・ウゴル 71
部族 31, 36
ブリヤート 111
文化相対主義 iii
文化的多様性 66
分業 45
ベリー 78

辺境統治史 iv
ポアズ 63
防寒 106
牧柵 85
牧畜犬 88
母子分離 103
北海道 25
北極海 57
北方狩猟採集民 45
本質主義 37

ま行
マツ 70
マルサス 65
マンモス 60
無氷回廊 18
群管理（むれかんり） 71
メジリチ遺跡 7
モンゴル 92

や行
野生 101
ヤンガードライアス 18

ら行
料理 80
冷涼性 110
歴史可能主義 62
歴史変容 40
レジリアンス 53
レナ川 5, 52
労働 44

わ行
渡り鳥 83

【分担執筆著者紹介】

鹿又 喜隆　　　かのまた よしたか　　　　1 章執筆

1973 年生. 東北大学大学院文学研究科准教授. 先史考古学（旧石器・縄文・新石器時代の石器と出現期土器の研究）が専門. 主要業績:『理論考古学の実践Ⅰ 理論編』(分担執筆, 同成社, 2017 年),『北の原始時代』(分担執筆, 吉川弘文館, 2015 年),『「地域」再考──復興の可能性を求めて』(分担執筆, 東北大学出版会, 2014 年).


大西 秀之　　　おおにし ひでゆき　　　　2 章執筆

1969 年生. 同志社女子大学現代社会学部教授. 人類学, 歴史生態学が専門. 主要業績:『技術と身体の民族誌──フィリピン・ルソン島山地民社会に息づく民俗工芸』(昭和堂, 2014 年),『トビニタイ文化からのアイヌ文化史』(同成社, 2009 年),『東アジア内海世界の交流史──周縁世界における社会制度の形成』(共編著, 人文書院, 2008 年) ほか多数.


大石 侑香　　　おおいし ゆか　　　　4 章執筆

1982 年生. 日本学術振興会特別研究員 PD・東北大学東北アジア研究センター. 社会人類学, シベリア地域研究, 北極研究が専門. 主要業績:「動物の毛皮を剥いで着るということ：北ハンティの毛皮衣服着用の審美性と神聖性」『コンタクト・ゾーン』, 京都大学大学院人間・環境学研究科文化人類学分野, 2017 年,『シベリア：温暖化する極北の水環境と社会』(分担執筆, 京都大学学術出版会), 2015 年．


平田 昌弘　　　ひらた まさひろ　　　　5 章執筆

1967 年生. 帯広畜産大学准教授. 文化人類学, 牧畜研究, 乳文化研究が専門. 主要業績:『ユーラシア乳文化論』(岩波書店, 2013 年),『人とミルクの 1 万年』(岩波書店, 2014 年),『家畜化と乳利用 その地域的特質をふまえて──搾乳の開始をめぐる谷仮説を手がかりにして──』(共編著, 2015 年 5 月 16 日・17 日公開シンポジウム事務局, 2016 年),『デーリィマンのご馳走』(デーリィマン社, 2017 年) ほか多数.

【編者紹介】

高倉　浩樹　　　たかくら ひろき　　　3章執筆

1968年生．東北大学東北アジア研究センター教授．社会人類学，北極研究，災害研究が専門．主要業績：『*Global Warming and Human -Nature Dimension in Northern Eurasia*』（共編著，Springer，2017年），『展示する人類学——日本と異文化をつなぐ対話』（編著，昭和堂，2015年），『極北の牧畜民サハ——進化とミクロ適応をめぐるシベリア民族誌』（昭和堂，2012年）ほか多数．

| | 【東北アジアの社会と環境】 |
|---|---|
| 書　名 | 寒冷アジアの文化生態史 |
| コード | ISBN978-4-7722-5308-6 |
| 発行日 | 2018（平成30）年3月10日　初版第1刷発行 |
| 編　者 | 高倉　浩樹<br>Copyright ©2018　Hiroki TAKAKURA |
| 発行者 | 株式会社 古今書院　橋本寿資 |
| 印刷所 | 株式会社 理想社 |
| 製本所 | 株式会社 理想社 |
| 発行所 | 古今書院　〒101-0062 東京都千代田区神田駿河台2-10 |
| TEL/FAX | 03-3291-2757 ／ 03-3233-0303 |
| ホームページ | http://www.kokon.co.jp/　　　検印省略・Printed in Japan |

KOKON-SHOIN

http://www.kokon.co.jp/

| 東北アジアの社会と環境 |

## ◆ 寒冷アジアの文化生態史

高倉浩樹 編　　　　定価本体 3300 円＋税　　　　2018 年 3 月刊

東北アジアの狩猟採集民や牧畜民の歴史を、環境と文化の相互作用から読み解こうとする試み。文化によってのみ説明する文化相対主義でもなく、環境決定論でもなく、人類の環境適応のモデル化による人類文化史を提示する。事例：旧石器時代人類史（先史考古学）、アイヌエコシステム（歴史生態学）、永久凍土と人類文化（社会人類学）、トナカイ牧畜（社会人類学）、北アジア牧畜と西アジア牧畜の比較（文化人類学）。

## ◆ 越境者の人類学 ──家族誌・個人誌からのアプローチ

瀬川昌久 編　　　　定価本体 3800 円＋税　　　　2018 年 3 月刊

日本・中国・朝鮮半島・台湾の国際的越境移動現象を、グループやコミュニティだけでなく、家族や個人の動向からとらえた論考。事例：中国吉林省の朝鮮族家族、中国福建省からの日本への密航者、日本のハーフや帰国子女、台湾の中国本土出身者、韓国の若年層にみられる脱出欲求、中国広東省と香港の越境移動、中国から日本にやってきた技能実習生、異郷に暮らす華僑家族の文学作品。

~~~~~~~~~~~~~~~~~~~~~~~~~~~~~~~~~~~~~~~~

続刊で扱うテーマ

＜自然環境＞　　　　　　　　　　　千葉 聡 編
＜19 世紀の社会と環境＞　　　　　　荒竹賢一朗 編
＜前近代の帝国論＞　　　　　　　　岡 洋樹 編
＜戦争前後の国家の連携・対立＞　　寺山恭輔 編
＜環境とエネルギー＞　　　　　　　明日香川壽川 編